人生是修行，遇見更眞實而完整的自己。

人生是旅行，從一個人的心到另一個人的心。

一切的事物，沒有偶然，沒有意外，一切都是事先安排與當下選擇。

每個靈魂在每一時刻，都在選擇創造自己的命運。

[illegible]你來這裡的旅行，圓滿你自己。

極道療癒師

你可以不要活成別人的形狀

遇見33
宋如珊 著

晨星出版

推薦序二

33的過往是一段令人感動與敬佩的故事；有緣在她國中階段陪她走過，如今她的成就，讓人更加相信教育與信仰的力量。

從書中更清楚瞭解她的童年及家庭背景。印象中的她，是位充滿熱情陽光的小女孩，然而，現實的環境苦其心志、勞其筋骨，人生的辛酸苦澀在小小的心靈中，只能把所受的委屈往肚子裡吞。如今終於撥雲見日，創造了自己的人生。

欣聞，如珊即將出書，深感欣慰與敬佩。這是一本感人肺腑、勵志的好書，值得一看再看。書中也讓人瞭解，何謂「永不放棄」的精神。「嚴峻挑戰的背後是美好的未來」，如珊的人生猶如一顆淬鍊出來的寶石，在社會的角落裡閃閃發亮。也希望這本書能將她的愛傳遞下去，讓更多處於艱辛環境而迷惘的心靈，能獲得滋潤，勇敢面對人生、迎向光明。

太保國中　陳義禮　謹誌

推薦序二

被33邀請寫序，是在一個聚會的場合，她一邊看著手機裡的訊息，一邊說，你幫我寫序好嗎?!我想都沒想就點頭答應了。好哇，來呀！嘴裡還咬著一塊麻油雞。然後她很快寄來了稿件，天哪，這本書還眞是好看。

我本來想說推薦序大概不會太困難，但是當我跟著書中的故事流動，我整個週末在家中，常常跟著內容大哭或大笑，提筆時思緒卻變得複雜了起來。

認識33之前，我多半就是那種想很多、每件事情都會反覆思考、研究探索，然後遲遲不肯行動，很怕自己做出來的事情不夠好。這件事情爲什麼會是我？有沒有比我更好的人選？小劇場演到天邊去。但是跟33在一起，她幫助我開始改變了一些觀點，事情一切都變得簡單很多。

因爲愛，我愛33，我就行動吧！

我跟33認識的時間並沒有很久，雖然在我們聊天中，隱約地知道一些，但是常常跟我眼前的這個人連不太起來。在生活中，她常讓人覺得傻傻的，走路會迷路，東西常常被她弄壞；然後別人深思熟慮，要想上大半年才能作決定的人生大事，在她眼中好像買菜一樣簡單（這個在書裡面有寫到，賣個關子，趕快往下看）。這種看起來很天兵的人，跟我這種做事情小心謹慎，到陌生地方前要不斷確認google map，做足完整計畫才開始行動的人，真的是截然不同。我常常在想，這個人到底是怎麼樣變成現在這個樣子呢？但當33在冥想班中，帶領我觀看生活中所發生的大小事，我的心態便有了很大的轉變。我才感受到，生命是如此的豐盛，是如此有滋有味的人生。

我也跟你們一樣，在這本書裡才看到了她那些辛苦的童年經歷，別人可能都卡關好幾回了，即使是斑斑血淚，但是她卻用截然不同的觀點去面對。在她身上，看不到自怨自艾的痕跡，也不曾看到過往的沉重。過往遭遇過很多人的背叛、離去、不友善，但是她沒有對人失去信心，她依然開放、真誠、溫暖。彷彿是電影《美麗新世界》裡的猶太小男孩，最淒慘的困境中，也能看見美麗的心靈。

在完成這本書的背後，33也是走過了一段艱辛的過程，在寫書的過程中，要去追溯過往傷痛，重新面對背棄，都不是件容易的事情。事情發生的當下，可以用腎上腺素咬著牙撐過去，可以用忙碌麻痺自己，但是在書寫中，才是在面對最眞實的自己，而重新爬梳這一切（相信我，我們聽到了很多鬼哭神嚎！），眞的需要非常多的勇氣。我相信，這是因爲33背後那個強大的信念，因爲她想要更多的人能認識神，能夠活得更自由自在。

2020是個如此特別的一年，我相信對於現在活在地球上的人來說，這年是永遠無法忘懷的一年，我在這一年的最後一個月看到這本書的初稿、寫這篇文章，我相信這些絕非偶然。

「好好的活」，這也是我今年最大的學習。在如此無常的這個年度，有太多的未知，太多的難以掌握。與其關注紛亂的人世，不如關注自身內心，探索自己的使命，把別人的標準換成自己使命的擴張；過度工作，不如善待自己的家人，創造相互陪伴的美好時光；做很多事來滿足自己，不如讓自己享受內心的富足喜悅。

這本書就是一個這樣的法門，讓你從遇見33開始，遇見自己，遇見神的祝福。

寶貝牙兒童矯正聯盟　黃黃醫師

作者序

心碎是非常真實而深刻的體驗，每個人都有，但不是每個人都有意願或能力去面對。儘管不是每個人都有意願或能力去面對，但人生總會遇上幾回心碎的體驗。運氣「好」的人——像我——就遇上一連串心碎的體驗。

寫這些故事出來，不是爲了顯示我有多悲慘卻又多堅強，告訴其他人不該痛苦。不是這樣的。

我也幾度有過尋死的念頭，每一天覺得活著好難，不知道爲何要如此痛苦的活著卻又告訴自己得要好好活著。

在看不見何時才能結束的痛苦中，堅持活下去，是最難的。

直到我願意誠實面對也練習轉念，願意尋求協助，也願意被協助。

我遇見許多善良的人願意伸手幫助，加上自己願意改變，這才開始好好活著。

從活著好難到好好活著，我不只是鼓勵自己正面轉念，更多是誠實面對——面對自己的起心動念。回頭看，才發現已經走了那麼遠。也才領悟到，所有的心碎的體驗都是我生命的養分，是我最有價值的鍛鍊、最能感動人心的故事。

原來人生是在每一個事件認識自己、擴展自己、活出自己、給出自己的修行。

當我要揭露我的親身經歷，寫下我的心情，一開始也沒那麼容易，經常是邊哭邊寫、寫寫停停；能讓我有勇氣堅持繼續寫的原因，是想到：如果我的故事、我的痛苦經歷能夠陪伴或激勵更多和我一樣、甚至比我更辛苦，在和生活、生命搏鬥的人，感受到一點點的溫暖，不像我當初一樣，感到孤立無援，那麼我經歷過的一切苦難、悲傷就更加有意義。

我們每個人都在互相影響。現在的我，每天都覺得「活著眞好！」希望你看完這本書後，也能對自己說「活著眞好！」對身邊的人說「感謝你、我愛你！」用你的方式隨時隨地幫助人，最容易的方式是說故事，用你我的故事感動另一個人。

每一天、每一個當下，我們都在寫自己的故事……

當身邊的人脆弱時，我們也能主動提供協助，也願意耐心等待那人的情願被協助。
善待他人，善待自己。
終其一生，我們都想在愛與被愛裡。
人生就是從自己的心走到另一個人的心，也讓別人的心，走進我們的心的旅行。

我相信我值得被愛，也有愛人的能力。
我可以更多信任、更多付出、更多分享。
我相信一群人的努力可以讓世界更好。
我相信這個世界會更好，是從自己開始。
我相信做決定最好的時刻，就是現在。
我相信你也是。
你值得被愛，你有愛人的能力。
你正在讓這個世界更好。

目錄

親眼遇見神

誠實才能勇敢

遇見未來

療癒的路

寫下新故事

說不出口的愛

1 爸爸媽媽在哪裡？

我的父母沒有虐待我，只是長久缺席，由奶奶撫養我。在長久等待的孤單絕望下，我把很多感受都藏在心裡。當爸爸或媽媽真的回來看我時，他們對我而言，已經變得陌生又熟悉，對他們的思念，我說不出口了。說不出口的思念，成為隱隱作痛的傷口。

•

「我的家庭眞可愛，整潔美滿又安康、姊妹兄弟很和氣，父母都慈祥……」小時候大家是不是都唱過這首歌呢？

記得是小學二、三年級吧？每次唱這首歌，心裡總覺得難過，看著其他同學投入且充滿幸福的表情，心裡很反彈，甚至自己偷偷地改成：「我的家庭眞奇怪，沒有爸爸媽媽在……」

不比不知道，一旦有了比較，反而覺得自己更加悲慘了呀！

更別說是母親節還要演唱或是吹奏什麼「母親你眞偉大」，歌頌母愛像月亮一樣照耀。這時候我往往腦中一片空白，眼角不停的滾出眼淚，完全沒有辦法吹出一首正常的曲子。那一個個的音符像是一把把的利刃，一刀刀的劃過被我埋在心裡最深處的傷口。母親像月亮，是嗎？那麼，爲什麼月有陰晴圓缺，但我的媽媽……一直都缺。

所以我從小就很討厭會歌頌父愛母愛的音樂課，但奇妙的是，我的自信卻也是從音樂課建立的，因爲音樂老師特別關照我。他像個聖誕老公一樣，有著圓滾滾的肚子，經常笑咪咪的，是我國小時期的靠山。後來我才知道，他也是我爸爸的老師。

知道老師也曾是爸爸的老師後，我終於又有了街坊鄰居之外的另一個管道，可以再多瞭解一些有關爸爸的爲人。音樂老師說爸爸很聰明，也很正直，只是家裡環境不好，交錯朋友，一時走歪。邊說邊嘆氣，也一邊用期待的眼神、堅定的語氣告訴我：「好好學唱歌、好好讀書，以後讀師專不用學費，畢業後跟老師一樣，當老師。」這讓我很感動。（不過後來我並沒有讀師專。）

在三十年前的鄉下，我始終覺得我家似乎是個很奇怪的家庭。因爲鄰居們總會聚在一起，用微小卻足以讓我聽到的音量議論著爸爸，說他是個多壞的人，如果適逢我經過，便會加碼對我投以同情的眼光，讓我覺得既生氣卻又無能爲力。

說實在的，本來我並不覺得自己可憐，因爲還有奶奶照顧我。奶奶會下田種菜、賺錢煮飯，會幫我洗澡穿衣，但在鄰居們的口中，我似乎成了無父無母被棄養的可憐孤兒，但，我明明還有很用心照顧、撫養我的奶奶啊，他們憑什麼這麼說我?!

讀幼稚園之前，大概五歲左右，我常常坐在牛車上，看著奶奶種田的背影；上幼稚園之後，因爲家裡太無聊，沒有人陪我玩，也沒有可以打發時間的玩具，甚至連條可以說話的狗都沒有，因此，便常在放學後偷跑出去玩。

小小年紀的我根本沒有遠近、時間以及危險的概念，反正家裡也沒人在等，於是就自己一個人，邊走邊找樂子玩，舉凡經過的稻田、綠樹、花花草草，都是好朋友；我可以隨意的和昆蟲、小鳥聊天。即使長大後，我依然保持著這樣的「能力」，只要坐下來就能入靜，彷彿進入另一個世界般，看著鳥飛翔、螞蟻逛街，與萬物對話。

有一回，我玩著玩著，根本忘了時間，等玩累了，回家就晚了。

一進門，叔叔正在吃飯，我又餓又累，想也沒想就坐下來吃了，但才吃到一半，就看到奶奶氣急敗壞的衝進來，手上還拿著對面竹園裡折下來的竹子，對著我就揮過來……。

「爲什麼要打我？我又沒做錯事。」我立刻跳開，嘴裡還含著一口飯菜。不問還好，這一問，像是觸動了什麼開關，連一直坐著吃飯的叔叔也突然站了起來追打我。

當時我家住新屋，經常走到觀音的田間玩耍。兩地之間距離不短，小小年紀的我走起來，著實要花不少時間。那時的我也沒有時間觀念，雖然早已踏上回家的路，但是到了該回家的時間卻沒出現。奶奶看我沒回家，以爲我被拐跑了，急得四處尋我，沒想到回家看到我好整以暇的坐著吃飯，又急又氣，自然想打我。

我跑得過奶奶，但怎麼可能跑得過年輕力壯的叔叔，那次被打得極慘。可是，比起被關在家裡，被打眞的只是小事，所以，只要不把我關起來，挨幾個板子，我是忍得住的，甚至，在被打的當下，我心裡還想著：下回該去哪裡玩呢？剛才路邊的那隻貓最後是去了哪裡……而奶奶跟叔叔震耳欲聾的訓斥，在我假意的哀哭聲中，很快就結束了。

現在想想，奶奶眞的太辛苦了，兒子不肖，把孫女留給她照顧，雖然偶爾我也會幫忙種菜和照顧年幼的弟弟，但是愛四處亂跑，總做些讓她擔心的事，還是給她添了不少麻煩呢。

記得有一次我在學校受委屈了，隔天奶奶就氣沖沖的殺去學校，將欺負我的人狠狠的告誡了一番，雖然事後我因此被嘲笑：「沒有爸爸媽媽的人，回家只能跟奶奶告狀啊！」讓當時的我感到羞愧和洩氣，但奶奶對我的疼愛可見一斑，對我來說，奶奶就是我的天，我非常愛她！

只是經過這次事件後，我深知一旦驚動奶奶來學校，後果會更難處理，因此日後即便是在學校受了天大的委屈，我也都自己處理；我決定讓自己成爲一個獨立、不麻煩人的孩子。

我想這或許也是台灣隔代教養的現況吧?!是體恤奶奶的辛勞，同時也摻雜著需要同儕陪伴的那種心情，在孤單中佯裝堅強，卻又隱隱的盼望著能有所依靠，而這依靠，不論是來自哪裡……。

記得有一位同學，我特別喜歡她，經常跟她到處蹓躂。直到有一次，我和平日一樣去她家玩時，耳尖的我隱約聽到她媽媽悄聲說：「不要經常帶她來家裡，她家有點複雜……」我心碎了，心碎世人給我的標籤：別和一個在不正常家庭中長大的孩子來往。

從此以後我便找藉口不去她家，漸漸疏遠。

在那麼需要朋友的年紀，只因爲不想被嫌棄，不想一再的承受冷言冷語，和有形無形的排擠，只能選擇用硬硬的殼包裹自己，不交任何朋友。

在我的記憶中，好像打從弟弟出生的那一刻起，我就失去了一般同齡孩子所擁有的「撒嬌調皮」的權利，而被賦予「懂事貼心」的義務、照顧奶奶跟弟弟的責任，以及必須名列前茅的壓力：「你爸媽已經是這樣了，別再讓奶奶擔心你。」「上課要認眞，功課要好，不要再被人看輕了！」「奶奶身體不好，你要幫忙照顧弟弟。」……。

明明知道這些要求在在都有它的道理，但，眞的很不開心。

小學低年級的我，正是調皮撒嬌的年紀，在我心裡有的，卻是義務、責任、壓力、擔心……至於我的心情、感受，甚至我有沒有飯吃、有沒有餓肚子，都沒有人關心過，得靠自己想辦法解決。

其實我很想念爸爸媽媽，但因爲不想讓辛苦撫養我的奶奶傷心，所以關於爸爸媽媽

的事，我始終藏在心裡，

每年母親節、父親節，我總還是會親手繪製小卡片，「爸爸，你什麼時候才會回家？我好想你，我愛你。」「媽媽，你在哪呢？你知道我一直想著你，想著你回家嗎？」……然而，這一張又一張的卡片，一次也沒有送出去，久而久之，我的心就像是那些躺在抽屜裡的卡片一樣，安靜的，不再起任何波瀾。

偶爾眞的太想念了，就躲在沒人看見的地方，偷偷掉淚，或者，找個空曠的地方，抬頭對著藍天白雲問：「爸爸、媽媽，你們在哪裡？你們有想念我嗎？還是，眞的都把我給忘了？」

就這樣讓思念伴著淚水，放肆的流著，直到哭累了，眼淚流乾了，再一副若無其事的樣子回家。

成年之後，我曾經有一個很短暫的機會跟媽媽一起住過，應該有半年左右吧。

對我來說，媽媽是熟悉又陌生的，但對媽媽來說，我又何嘗不是？

「眞搞不懂你在想什麼？問你也不說。」這句話是媽媽對我說的，場景不是在家裡，而是在台中的醫院急診室中。不知道是因爲感嘆，還是出於焦急，她對著躺在病床上的我這麼說。

但，我依然只能保持靜默。雖然我很在意她的感受，但因爲從沒跟她說過內心話，也無從得知她的感受，所以我不知道怎麼回答她。當下只有滿滿的酸和苦湧上心頭，強忍著奪眶而出的淚水，淡淡的說了一句：「下次我會注意身體的。」

「我也不想麻煩你啊。」

只是這句話，我並沒有說出口。

——•——

不說話的孩子不是沒想法，是想的比說的還要多太多。想爸媽的感受比想自己的感受多，因爲太渴望爸爸媽媽的愛了。

我的想很多、我的懂事貼心，都爲了渴望被愛。

每個想很多的人的每個貼心，也都是渴望被愛。

NOTE

2 愛藏在深深的恐懼裡

越是長大，越是發現自己的能力有限，能控制的生活範圍好窄，覺得自己被天地運行的規則拖著走，絲毫沒有抵抗的能力。「愛」也是一樣，愛人的方式，總不能隨心所欲；被愛的人，也經常感受不到愛。直到學會看見別人愛我的方式，用別人感受得到的方式去愛對方，愛，才開始流動。

—— • ——

需要爸爸的時候，他總不在身邊；我不知道到底爸爸是不是如街坊鄰居所說，是混黑社會的？直到國小二年級，有次在家無聊，到處亂翻東西，一拉開爸爸房間五斗櫃的抽屜，聽到裡頭傳出沉重的撞擊聲以及金屬碰撞聲，往抽屜深處一看，嚇得倒吸一口氣——「一支手槍！」

「受到驚嚇還是要保持冷靜啊！」我默默的把抽屜推回去，覺得自己看到了不該看的東西；其實槍的旁邊還有一些東西，但是我不敢看，心裡只想著，這件事不能被爸爸知道！這是我跟爸爸之間第一個不能說的祕密。

我爸爸最崇拜的偶像是關羽跟包青天。他嘴巴上總是掛著禮義廉恥、忠孝仁愛與信義和平，而且最愛說包青天審判皇親國戚的故事，每次說起來都眉飛色舞。或許爸爸就如音樂老師所說，他本性是個正直的人。

輸入代號3388

小學四年級的某天，爸爸跑來找我，神祕兮兮的給我一個BBcall的號碼，還說只要留下代號「3388」，他就會出現，這件事情只有我知道，千萬不能告訴任何人；然後他又消失了。這是我跟爸爸之間第二個不能說的祕密。

我不太喜歡爸爸給我的代號「3388」，好像嘲笑我一樣！我又沒有3388！雖然知道這個方法可以找到爸爸，可以暫時變身有父親的33，心裡偷偷感到開心，但是我始終過不了自己心裡的關卡——「不要打擾爸爸」。

況且我本來就決定要當一個獨立、不麻煩別人的孩子。

爲什麼呢？因爲我曾經問：「爸爸怎麼都不回家？」爸爸就回答我：「爸爸很忙，

忙著賺錢。」我默默想著，別人的爸爸有賺錢也有回家啊！爲什麼你賺錢就不能回家呢？應該是爸爸不知道怎麼回答，才說自己忙著工作賺錢吧！

雖然我的內心糾結，但是該發生的事情還是來了。有天，老師發了一張家長會的通知單，「到底要不要Call爸爸？」的念頭占據了我的內心。我好想問他，可不可以來參加？但是他來了對我有比較好嗎？好像並不會。雖然如果爸爸不來、又沒有其他家長出席，好像會矮同學一截；但如果爸爸眞的來了，會不會發生我不想看到的情況？還有，老師與其他家長會不會問爸爸很多怪問題？

Call他、還是不Call？思緒亂七八糟糾結成一團，又不能找鄰居叔叔假裝是我的爸爸，最後我終於下定決心要Call爸爸。

「爸爸，你有沒有空來參加學校家長會，如果沒有空，你要找誰過來？」在語音留言結束後，我發出了代號３３８８，也是第一次的３３８８。左等右等，等了好幾天，明天就是家長會了，爸爸始終沒有打個電話回家。我不禁抱怨，這麼重要的事居然不回應我，眞是不講信用；虧我還在腦海裡輪播了好幾個版本的小劇場，糾結著要不要發代號給他。

假裝不在乎

家長會的當天，我還是把最後希望寄託在爸爸身上，只是爸爸沒有來；奶奶要去田裡工作，回家還要顧著弟弟，當然也無暇顧及。「唉！早知道就自己想辦法弄一個爸爸出來。」家長會那天，有的同學雙親都來了，感覺很幸福。所有的父母在教室後面站成一排，參觀教學情況，同學們都回頭跟自己的爸媽打招呼，而我卻不敢回頭。

直到最後一秒爸爸都沒有出現，雖然我知道我應該「遇到困難要微笑、遇到失敗要樂觀」，但是這一種「大家都有、我沒有」的窘況，還是讓我覺得自己很可憐。但我又討厭這種可憐的感覺，只好告訴自己：「爸媽都很忙，所以不能來；而且我不需要父母在場，就可以做所有的事情。」

往後的日子裡，只要學校有活動需要家長出席，我都好想拿起電話留言給爸爸。可是我知道爸爸不會出現，媽媽更不可能來。「3388」成爲一個在心中纏繞了千百遍的代號，但也是此生只call了一次的絕響。這個代號似乎不斷呼喚著我，但再也沒有勇氣去碰觸它。

還有一次，爸爸帶著小一還是小二的我去高雄進香，那天也是刻骨銘心。看著爸爸化身乩童，好像刀槍不入卻血跡斑斑！然後就在香煙裊裊、煙霧瀰漫中，第一次看見飄飄們浮在那裡，跟眞人一起觀賞著。我嚇得站立不住，眞的太恐怖了。最需要收驚的是我啊！爸爸降乩之後眞應該幫我收驚。此後我超級討厭宮廟，覺得大家拜的根本就是飄飄們，還騙我們拜得這麼認眞。

降乩之後，我就和爸爸走散了。爸爸忘記要帶我回家，害我在高雄外地流浪。幸好我從小就很會認字，看到進香團的遊覽車，就勇敢上前跟司機說：「我爸爸就是那個乩童！」混回了新屋。一般的孩子約莫要五、六歲才能認路，但我三、四歲就能清楚認得從車站回家的路，自己回家。

當年爸爸忘記帶我回家的事讓我受到很大的驚嚇，也耿耿於懷許多年。那些年間我以爲爸爸故意把我丟在高雄而傷心不已，還因此而堅信自己對爸爸、媽媽來說，就是個「不重要的孩子」。

在記憶裡，對爸爸的印象只有千百個他當乩童砍傷自己、拿刀出門吵架的模樣、身上槍傷的痕跡、吸毒的可怕樣子、跟媽媽吵架衝去拿菜刀的樣子、不知何事痛扁我的難受感覺、高雄進香忘記我的恐懼陰影……因此，大約國中三年級，我趁著他在看守所、無人照料我的時候，就斷絕了與爸爸的聯繫。

心很痛，也任由自己心痛，再用假裝不在乎去痲痺自己。假裝不在乎，是當下唯一讓自己好過一點的方式。

直到婚後生子，我又開始想念爸爸，想讓他知道我結婚、有孩子了。但當時的丈夫非常反對我試圖聯絡爸爸，他擔心爸爸會帶給我們痲煩。考慮我們的經濟狀況不好，丈夫負債累累，我不敢讓丈夫生氣，也不想造成他的壓力。所以極力隱藏思念的情緒，經常在沒有人的時候偷偷想念他，默默流淚。

一道白光

思念被封存的日子，直到有一天才被重新開啓。某日我在商場的更衣間突然呼吸困難，倒地不起。意識清楚的我在等待救護車的過程中，看見了一道白光，一道很熟悉的白光。救護車快速把我載去醫院時，我的靈魂已經離開身體，看著醫護人員正在搶救我。白光一直在我右方閃耀著，似乎要接引我去哪裡。

我非常擔心，以爲自己即將要上天堂，卻來不及再見爸爸一面！於是當下迫切懇求那一道光，請它先離開，不要這麼快接引，讓我活下來，讓我有機會聯絡爸爸。我的身體是昏迷的，但離開肉體的靈魂哭得亂七八糟，難過得支離破碎。忘了懇求多久，也忘了靈魂後來是怎麼回到身體的，總之最後我就在急診室醒過來了。

醒來的我，心有餘悸。一方面覺得上帝這齣戲太讓我丟人了！一方面我看見自己的心，真的很渴望跟爸爸聯絡。幾天後我就打電話給唯一有聯絡的大姑姑，要到了爸爸的電話號碼。最後一次見到爸爸是國三的我，睽違了十年撥通了這支電話，卻換來了罵聲不斷。爸爸罵我爲什麼沒去探望坐牢的他，其實讓當時的我很錯愕——所以在那些寂寞無助的時刻裡，爸爸也是期待著女兒的關懷嗎？

爸爸問我過得怎樣，我說自己結婚也生了孩子，還信了基督。爸爸又開罵說結婚生孩子竟然沒通知，而且拜神明的他，女兒怎麼會去信基督?!我當時做了一件這麼多年來最明智的事情，就是坦誠說出內心所有的話。我告訴爸爸，「信基督很好，信基督我才打了這通電話。以前你做乩童、混黑道、打媽媽驚嚇到我，怎麼敢跟你聯絡？但是信基督讓我想起你以前會帶我去看醫生，你是愛我的。信基督讓我想跟你說，你是好爸爸。」

聽了這些話之後，爸爸不再出聲了，在電話的那端，我感受到他複雜的情緒。後來我說想約時間帶兒子去看看他。電話掛掉後我暗自想著：「如果我再勇敢一點點，爸爸的人生會不會不一樣呢？」可惜這個提問沒有機會證實，因爲爸爸在約定的日子到來之前，就心肌梗塞過世了……

從警察那裡得知他過世的消息，趕去認屍的我都不確定他是不是我爸爸，因爲太多年沒有見面了。記憶中的爸爸非常高大，但躺在那裡的冰冷屍體失去了偉岸的模樣，我只能從刺青的部位確認。那晚我哭得無敵崩潰，無法相信他就這麼離開人世了。那時才深深明白，這麼多年以來，對爸爸的愛藏在深深的恐懼裡。因爲太多的恐懼，攔阻了跟爸爸的見面，成爲人生無法彌補的遺憾。

爸爸愛我的方式

後來透過探索潛意識才回想起，爸爸在我面前絕口不提黑社會的事。雖然很想知道爸爸在做什麼，他的工作跟毒品有關嗎？會去賭場收保護費嗎？跑路的時候會躲在哪裡？疑問好多好多，卻不會有答案。因爲當爸爸出現的時候，就只是一個平凡的父親。

也想起有一次他特別回家，要帶我去看電影；我們到十幾公里遠的中壢去看。我已經不記得是什麼片子，但是還記得，他發覺電影演完後他會趕不上晚上八點檔的《包青天》連續劇，於是在電影播放中途，又急急忙忙帶我回家看《包青天》。

當年我好生氣！為什麼父女好不容易見到面，可以一起看個電影，卻又回家看《包青天》呢？真是氣死人。後來回想起來，才知道爸爸是用他的方式在愛我。雖然當時年幼的我不太能接受，但的確在那個時間點，他用僅有的一點能力，表現出對我的愛。

或許他也只有那一點點可以脫離的時間，就出現在我身邊，變成平凡的父親。

在他入獄的時候，他把我跟弟弟託付給他信任的兄弟；雖然寄養也是一個悲劇，但在長大以後才明白，這就是當時爸爸愛我的方式。

連「３３８８」這串數字都不是嘲笑我的個性３３８８，而是33跟爸爸的代表。

穿越恐懼之後，「３３８８」這串數字在我心裡，就代表了爸爸跟我的約定，代表他對我的愛。我也以33紀念他，謝謝爸爸給了我生命、謝謝爸爸用他的方式努力的愛我。

我好希望更多人能釋放對父母親的誤解、抗拒，安心自在的活在愛裡。

後來我也帶著對爸爸的感恩與思念，到一些地方演講，說著我跟爸爸的故事；希望感動更多人，把握時間跟父母和好，說出愛。

期望更多人學習

「看見別人愛你的方式，感覺被愛。」

「用別人感受得到的方式去愛對方。」

讓愛開始流動，把握時間創造更多美好的回憶。

NOTE

我能做什麼？

3 我的天賦在哪裡？

每個人都有天賦，每個天賦上手快，但也要不斷練習才能精進。很多人想要透過工具或是測驗來知道自己的天賦，但我們不會只有一種天賦；無論選擇哪一樣，只要能讓你堅持不斷的投入熱情，你就會發光發亮。又或者可以這麼說吧！更重要的就是熱切渴望。

——•——

從小，我就不是一個有自信、喜歡站在人前的人。可能是從小被鄰居指指點點，心懷不平太久了，「安靜旁觀」一直是奶奶教導我的安全模式。所以受了委屈，我會默默承受，忍著告訴自己：「算了吧！」久了也就習慣了。

但若是爲了別人的需要，像同學或弟弟被欺負，我就會勇敢的站出來。以前我以爲是遺傳我爸的流氓個性，但流氓好像沒有在忍氣呑聲的欸？後來藉由生命靈數的學習，才知道原來我的能量裡面有著天馬行空、急公好義、重情重義的先天傾向。所以在他人權益受損、被欺壓的情境中，會站在人前爲人發聲。

天性有著爲別人勇敢的特質，人生怎麼可能眞的安靜安全呢？又怎會滿足於安靜安全呢？所以在我學習「安靜內心、尋求更高智慧」之前，人生總是充滿著矛盾與猶豫——面對自己的需求總是過度壓抑，面對別人的需求卻仗義發聲。

爲別人衝動出頭之後的我，總是陷入後悔的情緒裡。「我不能變成爸爸的樣子！」內心一直提醒自己，卻一再犯錯。壓抑的自我與衝動的我不斷在內在衝突糾結的活著，整個人也是一團混亂。

我的小時候，指的是從國小到國中二年級；因爲國三時我就是戶長了，決定自己是大人啦！小時候，反正也沒有父母管教，不會明辨是非，多半就是順應本能。（沒父母管教可能也是個優勢，因爲父母不一定比較能明辨是非，哈哈。）

在學校，同學有疑問，我幫同學舉手提問。也會代表班上參加各種比賽，因爲沒有人要去。又剛好，只要我去比賽，就會努力得獎，得獎了就會換來同學讚嘆的眼光、師長的肯定、又會有獎狀可以回家向奶奶炫耀、讓她開心；好處這麼多，當然要去。

記得有一次國語文競賽，演講、朗讀、作文、書法、字音字型，五項我全部都得獎，讓校長嘆為觀止，這樣在學校也算好辦事。辦什麼事咧？就是請假。

因為天生身體弱、從小壓力太大，要煩惱這個、那個，除了要顧好功課、還要照顧弟弟，一切要表現盡責又得體，讓奶奶省點心。平日要煩惱怎麼賺錢買東西、煩惱爸媽不回家，後來奶奶又得癌症，需要人照顧。奶奶的病情讓我十分煩惱，所以我很早就罹患胃潰瘍、憂鬱症，還會動不動就暈倒。

多年以後，我才明白當初自己是有憂鬱症的。從小就覺得自己拖累奶奶，又沒有爸媽疼愛，是個無價值的拖油瓶，最好不要出現在這個世界上。可能因為當年憂鬱症比較少見，懂的人不多；而且我那麼常替人舉手發問又參加比賽，外表上根本看不出來。所以常常不想活的我，憂鬱的歷史算是非常悠久而隱密。

但動不動暈倒，很好請假，連體育課（反正我也不愛上）都在旁邊看就好。為什麼動不動就暈倒，當年醫學沒這麼進步，大家都認為是貧血、過勞，休息一下就好了；一直到成年之後才知道原因，之後會談到。總之不想上課時，說一下就能請假，算是福利呀！

可能現在很難想像中學生怎麼會得胃潰瘍？國小就開始胃痛，到了國中越來越劇烈。常常痛到冒冷汗，無法站立跟進食。老師知道我的家庭狀況，帶去看醫生才確診是胃潰瘍。現在回想起來，很難想像我在各種艱難是怎麼活下來的？

雖然活著眞辛苦，但當時還是有讓我快樂的事，就是唱歌！因爲我最喜歡的音樂老師就是之前提到的那位，剛好他就會教學生唱歌、帶大家到處去比賽。我因爲喜歡老師的慈祥，就很開心的報名合唱團，也報名老師的客家歌謠班，報名了所有跟歌唱有關係的比賽，比賽場地以客家廟會居多。

客家廟會很熱鬧，有吃、有喝、有玩的，我很喜歡到處看看，看見一個個大豬公的屁股，覺得有點可怕又有點離奇。最有趣的是大家一起拿筷子剪麻糬（客家話發音類似起拔，奇葩），一個個超級大臉盆裝滿熱呼呼的麻糬，裹上花生粉，香噴噴、甜滋滋。我也很喜歡跟弟弟在廟會裡面穿梭，找樂趣，特別喜愛打彈珠。時至今日，我還是喜歡在夜市打彈珠，打一種童年好快樂的回憶。

回想第一次歌唱比賽的成績並不優秀，好像是第六名。沒有我最想要的獎金，只有我不想要的獎品：像是保溫杯、保溫瓶、便當盒、收納盒、童書、一些家用的「不値錢」小物及文具用品。說不値錢的原因，是因爲我太需要錢了，好想要把那些東西賣出去換點現金回家。但那些東西，家家戶戶都有啊！根本就不會有人要跟我買，所以不値錢。此後的比賽我都鎖定目標，只能前三名，才有獎金！而且我誤以爲前三名的那些高大獎杯賣了很値錢。哈哈哈哈～

我的小學生活，跟老師一起練唱、到處比賽，那是我最歡樂、最珍貴的記憶。雖然每天下課後就要去老師家練唱，但一群人塞在老師的小客車上，由老師開車載我們南征北討，即使會暈車也很有趣。可能也是因爲，那是我少數不覺得孤單的時候。

我發現，當內心有目標的時候，像是想拿到名次可以爲老師爭光、看見奶奶欣慰的笑容，我就可以戰勝身體不舒服的感覺。我可以在台下胃痛暈眩想吐，但只要上台我就會專注。藉由得獎，也奠定當時的自我價値感。

我發現，自己看見別人的笑容就會跟著開心！

我發現我喜歡站在台上，讓大家露出開心的笑容，包含我自己。

國三開始，我做過許多服務業，有餐飲百貨服務也有金融服務，再到神職人員、幼補教老師、靈數講師、催眠師。一路上看見許多人的笑容，聽見許多人的故事。這些年間，數以千計的人向我諮詢自己的職涯與人際關係，盼望我指引方向。

其實生命靈數、紫微、星座，算是統計學吧！的確可以當成認識自己的初步工具。但比起這些，我更關心的是：眼前的學生，他認爲自己是怎樣的人？他的人生最想要的是什麼？他如何讓自己得到想要的？他有沒有屬於自己的人生願景？願景就是終其一生，傾盡全力的事。

所以我總會告訴學生，每個人都有先天優勢與行爲模式，最重要的是「有意識」活在願景，成就自己、貢獻他人。

關於我自己的部分，過去我曾花許多時間鞭打、批鬥、責備自己，後來也花許多時間療癒自己，後來也成爲療癒師，培育療癒師。我改變觀點與行爲，讓自己不是勞苦的活在願景裡，衷心喜愛自己的一切。當我自在以後又引發別人也如此，一起鍛鍊、創造更高更好的意識與生活方式。

有人說，影響世界最好的方式是演講跟文字，所以我就學習演講。

一開始演講時，我雙腳發抖、吃螺絲、臉抽筋，透過無數的練習，到後來享受跟大家互動，自然表達我的想法、感受，感染大家。大家以爲我的自在是天生的，其實是練來的。只是我不是練簡報技巧，我是練專注安靜，練愛我眼前的人。現在練習將思想化作文字，在在都是希望以我的生命更多影響生命。

現在不是只在台上傾盡力氣發光，活得更大、更篤定平靜，爲了一個願景。我甚願每個人都可以衷心喜愛自己的一切，活在願景裡。

我想讓更多人看見生命總有出路，上帝總有恩典。

脫離沮喪，感恩跟助人是很有效的方式。

在爛事裡尋見好消息、把心力放在助人，就會少花點時間、精神在可憐自己上面。

有個獨立勇敢的女人，即使歷經各種不可思議的慘痛經歷，但沒有擊倒她。她還願意在世人面前述說她生命的轉變，爲了要讓世人看見……

「眞實勇敢」是對自己最好的照顧。

「彼此信任」是我們最有價值的選擇。

「充分的愛」會讓我們活出成就與貢獻。

充分的愛是我們在衆多難題中的出路，也是穿越一切困難的力量。

NOTE

4 戳戳樂

人生苦難何其多，但很多時候換個角度看，苦難也可以有領悟、甚至有樂趣，成為你的生命禮物。很多人找我看命盤，因為算命老師說他命中有劫，我都會說，嗯，蝴蝶結。

•

如果說小學時期有什麼事讓我印象深刻，除了歌唱比賽以外，就是想辦法賺錢！可能食量太大，我經常餓得手腳發軟。

老師在台上教什麼？常常不記得。老想著，什麼時候才能吃營養午餐呀？肚子餓得我實在難受。尤其下課時間，看著同學們一窩蜂直奔操場的溜滑梯跟盪鞦韆，我也好想玩，可是實在沒有體力去排隊。

有時候大家邀約去福利社，東買西買，甚至圍牆外也有小販在賣各樣點心；尤其是炸龍鳳腿的香味，更是讓肚子咕嚕叫不停！我也想買，但口袋空空的，只能羨慕，卻又不敢讓人發現。

每天口袋空空，肚子也空空……眞是太悲慘了！這樣下去不行啊！既然沒辦法跟家人拿到錢，自己賺好了！想到作業被老師誇獎寫得漂亮，不如幫同學寫作業?!

於是我開始觀察，看看有哪些同學的作業寫不完，但又常去福利社買東西的呢？再來就是，既然做生意，那就得要公道，尤其聽說老爸在幹壞事，女兒還是積點德，補償、補償好了！

那麼國語作業，寫寫生字、造句而已，最簡單，只要五塊錢。數學呢？難了一點，就十塊錢。作文呢？字最多，手會痠，那就十五塊錢好了！看！眞是公道，我肯定是經商奇才！自己幻想的挺開心，也非常順利，很快就有顧客上門啦！

第一個顧客是個體育奇才，在躲避球賽中，經常殺來殺去，看他表演得最威風！不像我，老是渾水摸魚，混在外場當裝飾品。一次摸魚不小心被老師發現，心想：死定了！我哪跑得過那些吃飽又力大的男同學丟出來的球呀？爲什麼老天要讓人發明這種遊戲啊？暗想著趕快被丟中！免得在內場尖叫，那太丟人了！不料這體育奇才倒是挺義氣，拉著我整場躲在他的背後跑，安然度過可怕的體育課。

此等義氣，當然要回報，和他討論了一番後，我很快的有了第一位客戶，而且，因爲我的作業實在寫得太好，後來他還因此幫我找了其他的客戶加入，很快我就脫離口袋空空、肚子空空的悲劇了！哈哈哈哈！

但沒多久我就覺得寫不下去。爲什麼？因爲生意最好的是作文，但作文寫得我手好痠哪！而且我經常爲了「趕貨」，根本沒時間去操場玩。我看還是得換個方法賺錢，才有自由呀！操場上的盪鞦韆跟溜滑梯可還在等著我去玩呢！

再一次觀察，除了福利社，大家下課還會去哪花錢？我發現柑仔店生意超好的！大家都買三元冰、大豬公，還一邊玩抽獎的戳戳樂，老闆收錢的手沒停過。不如我也賣戳戳樂好了?!直等到同學都散去，沒人了，我才敢跟老闆商量：能否便宜賣我一盒，讓我隔天帶去學校給同學？老闆聽了以後，不答應，說在學校要好好讀書，邊說邊塞一塊糖給我，要我趕緊回家寫作業。

這麼快就要打發我走？心裡眞不想放棄，再次跟老闆說，我就只買一盒，因爲我不想每天寫作業賺錢。心想著，無論如何就是要讓老闆賣我一盒！老闆不知是被我感動還是煩不勝煩，後來還眞賣我一盒。正要開開心心的離開，突然想到：萬一明天第一個顧客就抽到現金獎，我不就馬上先賠錢？好像不太妥當。老闆便偷偷告訴我：噓，裡面沒有現金大獎，別說出去。這才安心地感謝老闆，又開開心心的離開柑仔店，幻想明天去學校大賺一票。再度肯定自己是個經商奇才，我要發了！發了！

隔天去到學校，居然沒有我以爲的大撈一票！同學們蜂擁而上，戳完就跑！跑得慢的，說先欠著，明天付錢。哇！我沒想過，連我的錢都敢騙、敢欠？不是說我爸是黑道流氓，怎麼敢這樣對我啊？苦惱賠錢的同時，也驚嘆著這不可思議的事件！這時候才知道原來要先收錢才能出貨，第一次做生意就慘賠；戳戳樂教會我，小本生意不能賒帳。

每當我演講到這，都會問現場來賓聽到什麼？體悟帶出的觀點很重要，那是建立價值觀的時刻。這時有人說會去討債，運用家庭背景人脈啦！有人說以後不給人欠帳啦！也有人說東山再起，再做生意！各種回應都會出現。所以我很喜歡演講，將自己的故事與大家分享，每當說起故事，跟大家的距離霎時就變得很靠近。

我當時選擇東山再起，不過不想重操舊業繼續寫作業，因爲手會痠。哈哈~怎麼辦呢？回頭找柑仔店老闆商量。既然他會告訴我戳戳樂沒有現金獎這種天大祕密，可見老闆是我的貴人，不如邀請老闆合作好了！我覺得我挺聰明的哪！

老闆~我沒有賺到錢，大家戳完就跑，沒人付錢！

老闆驚訝說：夭壽喔！那A阿捏！那你繼續寫作業嗎？

老闆~我不想寫作業賺錢，也不想欠你錢，我可以先拿一盒，賺的錢我們一人一半好嗎？

老闆阿莎力答應，而且給我兩盒。

去到學校，這次不找同學戳了！換找老師，老師總不會賒帳吧?!而且昨天賠錢，今天得賺回來，大膽漲價一倍！老師覺得有趣捧場的同時，還問起：昨天不是一次五元嗎？今天怎麼變十元？面對客戶的質疑，我很眞誠的說出我的想法：老師，昨天給同學戳，沒人付錢，賠慘了！今天要平（台語）回來啊！而且你不用去柑仔店，我拿過來給你戳，所以要十元，一點都不貴，對嗎？老師聽了呵呵笑說：那你賣我一盒好了！

如果是你，你會直接賣一盒給老師嗎？要賣多少錢呢？我那時候好糾結、好興奮，好像遇到大客戶：一次一百耶！可是又很苦惱，只有一個客戶就賣完了，這樣不好玩ㄟ，我還想拿給我喜歡的音樂老師、自然老師還有好多老師戳ㄟ……只好忍痛告訴老師：我明天再拿過來給老師。沒想到歪打正著，因爲手上拿著戳戳樂四處找音樂老師，就遇上學校最大人物~校長啦！

校長講話就像柑仔店老闆，又是要我好好讀書，問我怎麼會浪費時間在玩戳戳樂呢?!唉唷喂呀~我也拉下臉回校長：校長，如果讀書就有錢，我幹嘛搞這些啦！我是在賺錢啦！不然我會肚子餓，你要不要也戳一個？校長聽了馬上說：有啊！好好讀書會有錢啊！我幫你申請獎學金就有啦！成績好不好？都考第幾名？聽了我非常心虛：校長，請問……成績不好，還有獎學金嗎？（這時候大概是對獎的心情吧?!好緊張啊！）

校長居然說：成績不好啊？呃……沒關係，還是可以申請，我是校長啊！以後有問題就來找校長，好好讀書，知道嗎？

蛤？成績不好也可以有獎學金啊？我當時覺得這應該是我出生以來最幸運的一天，校長大概是耶穌基督或佛陀等級人物，太了不起了！我不由自主的對校長說：校長，您好厲害呀!!我以後也要當校長，給大家獎學金！校長開心得不得了說：好呀！那你以後下課來校長室，校長教你讀書好不好？（才不好咧！我要去操場玩！）

從代寫作業賺錢變領獎學金，第一次作生意的經驗太有趣了！我可能有作生意的天賦！

此後國中學費、甚至生活費，大多是靠獎學金，或是跟著音樂老師到處參加比賽。雖然我沒有父母的照顧，後面的人生還遇到各種千奇百怪的困難，但我都沒有放棄自己。因爲感念這些老師們的愛與關懷，又有這些貴人相助的經驗，在在都讓我覺得，只要勇敢面對，人生再大的困難都一定有方法可以解決。

童年肚子餓的經驗也對我影響很大，所以長大的我定期助養好幾個孩童，也喜歡幫助需要吃飯的無家者。

我十分慶幸，幸好平日作業都認眞寫、小事情也認眞做，用心觀察並且想法子招攬準客戶、餓肚子還是忍耐趕貨，信用出貨，這些也影響我日後在工作上，以忍耐換信用與商譽。

幸好我沒有可憐自己經常受餓，努力解決問題，最後賺到錢也賺到成就感！

幸好雖然心裡感到不舒服，還是勇敢堅持到我要的結果發生，而不是放棄、妥協，告訴自己不適合或不可能。

我相信「只要有眞心跟毅力，就可以感動到人。」

當然也會遇到，我信任的人卻不値得我信任。老實說，除了金錢損失跟驚訝，我也難過自己的單純信任好像被傷害了。不過當時年紀小，不知道怎麼定義事件的價值，只知道自己不想要有難過的感覺，所以吃點虧沒關係，先解決問題，邀請柑仔店老闆跟我合作。柑仔店老闆對我很好，我們後面還會有其他生意上的合作呢！

面對客戶（老師）的質疑時，我誠實說出自己的想法；抗拒一百元一次入袋的誘惑，堅持要找音樂老師，最後遇上大貴人校長。戳戳樂教會我最重要的是，「眞誠勇敢找合作，比單打獨鬥有用得多！」

現在的我回顧這件事，依然充滿樂趣。

當年的「不想要有難過的感覺」，幫助我繼續前進。

「不想要有難過的感覺」，可以演變爲逃避、壓抑情緒，也可以演變爲不斷思考、轉換定義「想要有其他的感覺」。

情緒可以管理，可以流動、可以理解，可以有各樣展現的方式，感覺則可以創造。每一天藉由有意識的選擇，來創造自己要活出怎樣的生命。

NOTE

不能沒有你

5 最重要的親人

很多人會埋怨自己要照顧手足，或被手足拖累，或重男輕女。我們家也是重男輕女，但我在照顧弟弟的時候，充滿責任感與心疼。

或許因為我把自己當母親。

然而我也沒發現這是個過重的責任，幾乎壓傷了我。

—— • ——

六歲那年，媽媽突然出現在我面前，挺著大肚子跟我說：「肚子裡是你的弟弟喔！」我感到腦子「轟」的一片空白，愣愣的回答：「哦！」這是我對媽媽的第一個印象。知道媽媽回家來生弟弟，我很開心，除了將會有新的家人來到，還有我終於能和媽媽一起生活。

我家是典型鄉下的透天厝，一樓前面是客廳，接著是爺爺奶奶的房間；爺爺跟奶奶差四十歲，在我很小的時候就過世了，所以我跟奶奶一起睡。中間是廚房與餐廳，最裡面是爸媽的房間，二樓是三位姑姑跟叔叔的房間。

媽媽住到家裡，我想要多親近她，想從她身上找到從沒感受過的母愛；這應該就是親情的天性吧。我像是個貼身小跟班，她喊熱我就在旁邊拿扇子幫搧風，喊渴我就去倒水，她說腳痠我會幫忙按摩；而奶奶會煮飯，媽媽就像公主一般，什麼都不用做。

有一次我問媽媽，小時候我們跟爸爸在哪裡生活呢？媽媽正在梳妝台前梳頭，她聽了我的問題，放下長髮，手上還拿著梳子，用大大的眼睛看著我，好像在思考。接著她繼續梳頭，說在我很小的時候，她在家裡做家庭手工縫布娃娃，還照顧爸爸、奶奶。

我心裡一個小小聲音說：「爲什麼我完全沒有印象呢？」我暗暗覺得，媽媽所說的家庭生活，來自某一本小說或某一齣電視劇的內容，現實中沒發生過。因爲我從小記憶力就非常好，我可以憑著印象自己從觀音走回新屋。爲什麼我對媽媽所說的生活卻完全不記得？到底這樣的情境是哪裡來的呢？我聽了之後滿頭的問號，推測著，可能媽媽想要隱瞞什麼，才編織一個美好家庭的印象吧。

媽媽的故事中她一直很辛苦工作、很孝順奶奶，爲了爸爸委屈自己。但後來又從兩位姑姑口中聽到另一版本的家庭故事，說媽媽十分忤逆奶奶，常常一句意見不和，就跟奶奶頂嘴、大小聲。在家不煮飯，家事完全不做，還要奶奶把煮好的飯菜端到房間給她；與很孝順的說法完全對不上。這種衝突眞是很難想像，我也在心裡落下了對媽媽的矛盾。

弟弟出生後，爸爸似乎感受到責任上身，也開始回到家中。但是他三不五時跟媽媽大小聲，兩個人把門關起來在裡面大吵大鬧，有時候我還能聽到爸爸罵媽媽，然後媽媽的尖叫、咒罵聲會持續十幾分鐘。奶奶對這個慘況也無計可施。

弟弟聽到爸媽吵架的聲音便會大哭，我也只能抱著弟弟哄他，像在洪流中抱著救生的浮木。我能做什麼，跟著哭？這個困境我處理不了，只能抱著弟弟，暗自希望風雨趕快過去。

有一次爸爸媽媽吵到不可開交，爸爸從房間裡衝出來，去前方廚房拿了菜刀，轉頭要回去房間，奶奶看到了，馬上擋在爸爸面前，哭著阻止爸爸，媽媽也趕緊把門鎖起來。爸爸拿著菜刀，在房門外不斷用力的踹門板。我也嚇呆了！

這樣的生活任誰都忍受不了，但弟弟、我跟奶奶都逃不走，而媽媽就此離開我們。媽媽的離開，我沒有花時間去感覺傷心，全部打包起來放在內心深處、一個關於媽媽的盒子裡。免得我想起她來，會哭得不能自已。因爲我還有奶奶跟弟弟要照顧。

這個時候奶奶已經得了癌症，有很多時候需要我幫忙。曾經有人問我，爲什麼小小年紀的看到弟弟，會覺得要由我來照顧呢？對我來說，照顧弟弟天經地義，就像是跟奶奶同甘共苦；我們都想要保護身邊所有的人。

就這樣我跟弟弟相依爲命了幾年，我走到哪就把弟弟帶到哪，好像是個小媽媽。雖然有時候會覺得弟弟很吵、很黏、很煩，連去同學家也帶著他，還得擔心他的言行舉止會不會讓同學的父母不高興。

記得有一次，他在同學家看見沙發，因爲我們家沒有，他興奮得在沙發上打滾蹦跳，笑得很開心！但我更擔心同學的父母看見會不高興。尤其因爲父母不在身邊，我最害怕聽到的就是：「因爲從小父母不在，沒有學……」好像矮了人一截，處處都要在意別人的眼光，一切都很不自由。

但只要他睡著，我又會覺得他是世界上最可愛的弟弟，我最重要的親人，我會把玩累就睡在地上的弟弟，小心翼翼的抱回房間床上，再輕輕的拍他，希望他可以健康平安的長大。我跟弟弟有許多回憶，有互相討厭、吵架的時候、有一起苦中作樂的時候、有彼此依賴的時候、也有一起大哭的時候。

有個記憶讓我倆永生難忘，長大後回想起來覺得很有趣。

那是我們一起搭火車去台中找媽媽。那時候身上的錢，不夠買我跟弟弟坐到台中的車票，只能買到三義。可是弟弟很想媽媽，我就心一狠，計畫跟弟弟先到三義，再打電話給媽媽，請她來載我們。想說距離不是太遠，媽媽應該會答應。

到了以後才發現，我沒有錢打公共電話耶……

於是我去電話亭、飲料投幣機、地板、座椅，到處尋找收集硬幣，最後眞的有五塊錢能打電話給媽媽，只講了一句「我們在三義火車站」，就斷線了。聽著嘟嘟嘟嘟的聲音，心好虛，不確定媽媽到底會不會來載我們？直到弟弟跟我說：「姊姊，我肚子餓~」我把身上唯一的巧克力給他，並且告訴他：「巧克力的熱量很高，吃下去就不會餓了！」給弟弟巧克力的事，我本來忘記了，還是後來他告訴我的。

不知道等了多久？媽媽終於出現了！在台中待了幾天後，我們要回家了。媽媽幫我們買了票就先行離開，讓我們姊弟倆等車。（我一直很難理解，為什麼我的父母對我是如此放心？當時我也不過是小學生，再帶著小小的弟弟出門。）而且媽媽看起來也沒有不捨我們離開的感覺，彷彿只有我們想媽媽而已。

後來就出事了……

那天人潮擁擠，弟弟看見火車，就非常的興奮的衝上去，但我自己卻怎樣都擠不上車，好心急！後來火車的警示音響了，我更是驚慌，好不容易擠上去，又被擠下來。後來，列車就在我眼前開走了！弟弟在火車上興奮的向我揮手！

我忍著驚恐的淚水，硬是強迫自己冷靜！立刻抓住站在月台上的大人說：我弟弟自己一個人在火車上！那個大人也非常緊張地帶我去找站務人員。經過台鐵的一番聯絡，那時候的我已經忍不住害怕、自責的感覺，眼淚死命在眼眶打轉，模糊了視線。後來站務人員說他們找到了弟弟，也帶著我搭下一班列車跟弟弟會合。

當再次看見弟弟時，我喜極而泣！感覺失而復得！弟弟納悶的問我說：「姊姊你幹嘛哭？」

「因爲我不能沒有你！」

弟弟一臉疑惑又純眞的說：「那我也不能沒有你！」

我緊緊抱住弟弟……

台鐵的站務人員在旁邊也跟著擦眼淚。

或許就是在這一刻，我已經視弟弟爲我生命中最重要的人。

後來我小學六年級的時候，奶奶過世了，我們從小住到大的房子也將被賣掉。聽到親友們討論我們的去處，沒有人有能力接我們姊弟倆走。我知道我跟弟弟即將無處可去，心裡也是緊張害怕又難過，但不敢表現出來。我知道眼前這些姑姑，也有各自的辛苦，況且她們也沒有義務要撫養我們姊弟。這時起，一種何去何從的絕望感，伴隨眼淚，夜夜悄悄沾滿我的臉。

有一天，有一位爸爸的朋友來到家裡，長得瘦瘦高高，我記得之前曾經見過，知道他是法院的書記官。他對我說：「你爸爸眞是沒辦法照顧你們，我打算要認養你，你有沒有意願過來我們家住？」我覺得好像看到了一個救生圈，立刻問他說：「弟弟也可以去嗎？」書記官說：「沒有辦法，我只能帶走一個，或許讓社會局的人再安排其他的人認養弟弟，好嗎？」我馬上拒絕他說：「我不要跟弟弟分開，他是我唯一的弟弟。我答應了奶奶會照顧弟弟。」書記官嘆了一口氣，最後搖搖頭走了。

媽媽跟奶奶都離開了，我不知道發生什麼事，連爸爸也沒回家；我覺得很害怕，不知道哪時候爸爸才會回來？我只能用僅剩的錢，天天吃泡麵，連祭拜奶奶也用泡麵；我告訴奶奶所有的事、請她保佑我們，讓我跟弟弟有地方住。

在那段時間，媽媽離家了，奶奶離世了，爸爸也不在家。弟弟只有六歲，經常會想奶奶、想爸爸、想媽媽；弟弟想到他們的時候就會跟我說：「我覺得我好想奶奶，好想哭。」我總會說：「別哭，我們要勇敢，奶奶去天上比較好，她的身體就不會痛了，反正你還有我就好，我不會離開你。」弟弟就很乖巧的安靜下來，漸漸的再也不說想奶奶、想爸爸、媽媽。只是偶爾自己也覺得無依無靠、忍不住害怕難過的時候，我們就會一起哭。

後來爸爸終於出現了，他說他賣了房子，把錢留給一個他拜把的兄弟，他會幫爸爸照顧我們姊弟倆。我半信半疑的跟弟弟住進去，反正我們也沒其他地方可以去。原來他的拜把兄弟也是一個六合彩的組頭，家裡一樓固定開三桌，賭麻將、四色牌，算是個賭場吧！他的太太，我叫她阿姨，負責煮飯給賭客兼賣檳榔。我有時候也要幫忙端茶水，每星期都會領到兩百元的餐費，對方會記帳。至於學校，因爲一直以來，我的聯絡簿都是自己簽名，成績也都過得去，所以學校方面也都不知道我是跟爸爸的朋友住。反正我已經是國一的年紀了，雖然體弱多病，經常請病假，但跟大人對談如流已經是我的技能了。

弟弟小學一年級，每天中午放學後就過去那裡，乖乖地自己寫功課或是畫畫，從不會打擾到阿姨跟那裡的賭客。但弟弟對那裡沒有什麼記憶，唯獨只記得他在那裡跌倒受傷、破相，痛得他無法吃飯。那一天我也淚流滿面，既是心疼又是自責的一小口、一小口餵他吃著他最愛的漢堡。但他卻不知道我爲什麼哭？一邊小口咬著漢堡，還問我：「姊姊怎麼哭了，還是你也想吃漢堡？」唉！眞是讓我心疼的弟弟！他總是很乖巧，不製造麻煩給任何人。雖然他不善言語，但我知道他心裡始終有我，就像我心裡也一直有他。

——•——

許多來催眠的個案在述說自己的背景時，我知道是他口中那過重的責任壓傷了他。

我也會想起我小時候的過重責任。但也是那過重的責任讓我沒有放棄活著，不斷找出路，成就了我的性格，讓我擁有我現在的一切。

我不是說我現在是完美的，但我是完整的，我願意接受全部的自己，這讓我有安全感。我也不是說忍耐、承擔是完美的，我是在說凡發生在我身上的事情都是我的能力可以承擔的。

我相信神不會給人不能承擔的考驗。

或許你覺得你的責任過重，幾乎壓傷了你……但或許那正好能鍛鍊你的承擔與堅持、鍛鍊你在絕境中懷抱希望、鍛鍊你更加認識你自己。

我始終相信每一個經歷都是珍貴的。

所有痛苦委屈與看似無盡的磨難，可以成爲說不完的悲慘故事、逃避的理由，也可以成爲生命的養分、衆人的祝福。

也許你正在苦難中，不妨當它是祝福，從中得到屬於你的體悟、屬於你的禮物。

我認爲每一個經歷都是讓我有機會生出給予的意願與能力，有機會獲得被愛的體驗。

愛是存在的本質，是我們在世上的終極實相與目的。

NOTE

再苦也要作樂

6 對不起，偷你的排骨

來到陌生的環境總是有許多的擔心，擔心做不好、擔心給人添麻煩、擔心誰討厭我。所有的擔心都是因為認定自己沒有價值。這時候不斷的壓抑自己，討好身邊的人。

遇到痛苦的事情，就關掉感覺。

久了，不難過也不快樂了。

---•---

我想我人生最黑暗的開始就是小學六年級，遇上奶奶的離世。我無法接受奶奶的離去，因爲奶奶在我看不見爸爸媽媽的時候，完全取代爸爸媽媽的角色。對我來說，她離

開後，我就是孤兒了。那時，我甚至希望死的人是我，或是我也死了；因爲心底總有個深深的自責與愧疚感，爲什麼那一天我不早點回家，或許就見到奶奶的最後一面。

我不知道我要怎麼活著，只知道要按時上香祭拜，只知道我還帶著弟弟。我聽著親戚們說房子被爸爸賣了，但我不知道我和弟弟要去哪裡住？我暗自希望是住姑姑家，但又知道不可能。因爲對大家來說，我和弟弟就是燙手山芋或拖油瓶。我完全不怪罪生氣，彷彿接受命運，又彷彿幻想自己能夠關掉所有感覺，就不會害怕也不會心痛。

後來，爸爸帶我們去他的拜把兄弟那裡。媽媽呢？她的出現就好像給了我希望，她的離開又是拿走希望。這樣來來回回，我受不了，也不敢期待。後來她也知道我們去爸爸的拜把兄弟家，偶爾會來看我們。但其實那個時候我會想，乾脆讓我們去育幼院算了吧！可能至少安全點。

其實我現在寫到這些，才開始眼淚狂流。

心疼那個曾經關掉感覺的自己。

失去奶奶，沒有依靠，帶著弟弟去賭場、宮廟寄人籬下，因爲太痛苦，選擇關掉悲傷、難過的感覺，讓自己把注意力放在弟弟身上、放在討好寄養家庭的成員身上。我主動做家事、跟每天來打牌的牌咖互動，因爲牌咖們都知道我跟弟弟是寄養的，牌咖等於是我寄養家庭的客戶，不能得罪。即使我討厭他們的對話與煙味，但因爲害怕被趕走，我扮演乖巧懂事的姊姊，爲他們倒茶水、跑腿、包檳榔，附和他們粗俗又沒營養的話題，還要面帶微笑，好讓他們和牌咖開心點。

牌咖之間的對話很叫我煩躁；他們除了不時提到爸爸，還發表對爸爸與我們姊弟的看法，那些看法聽了眞令人火大，而必須回應他們的話，也令我煩躁；我才國一，哪懂得大人的利益矛盾，眞不知道關我什麼事？我超討厭他們，但我壓抑下所有感覺與情緒，畢竟我們姊弟倆無處可去。

壓抑久了，不難過也不快樂了。

在電視劇裡，經常上演像我們這種家境的孩子，長大都是做八大行業。我想到就覺得眼前一片黑。我覺得我和眼前的世界格格不入；我很不喜歡煙味瀰漫、酒杯交錯、言談粗俗的世界，我比較喜歡音樂寫作、動物花草。雖然不知道要在這世界待多久，但我很想離開前去到我喜歡的世界。

那就等我成年吧！

我把希望放在成年的自己。

懷抱希望是好的。

關掉感覺逃避痛苦，起初是有效的。但因爲有弟弟在，我不能一直逃避感覺；如果我希望弟弟活得健康活潑，我就要表現得健康活潑點。有時我眞感謝我有弟弟，因爲照顧他，反而讓我醒悟過來，不能再活得沒有感覺。

那個時候弟弟才小學一年級，他會先寫好功課等國中一年級的我回去。回去的時候，他常常說肚子餓；我也不能怪人家沒給他吃飽，畢竟我們寄人籬下。人家煮好飯是要先給牌咖吃，才輪我們吃，通常所剩不多，經常是湯泡飯；弟弟中午就放學，到我放學時當然會肚子餓得跟姊姊求救。

我那個時候一週領兩百元的早餐錢，有點自身難保，所以最常買泡麵，而且一定是維力炸醬麵，可以乾溼分離，等麵漲得很大，再跟弟弟一起分食。國二的時候，胃痛急診才知道我有胃潰瘍，可能就是長期餓出來或吃泡麵吃出來的。

有一次在餐桌上，沒什麼菜了，我跟弟弟對看無奈，卻突然發現，他們家養的一隻大黃狗吉米正在啃排骨，天哪，這狗吃得眞香、眞好！

隔天我就主動去廚房幫阿姨，幫阿姨把煮好的菜上桌。後來輪到吉米的排骨了！我數了數有九塊，就用衛生紙把其中兩塊包起來，偷渡到自己口袋裡，眞是超緊張的！成功後，我開心的拿排骨給弟弟獻寶，弟弟很驚訝問，怎麼有？

我就說：噓，跟吉米借來的。

偷渡兩塊成功，下次就偷四塊，但那次阿姨探頭看吉米，納悶說：怎麼吃這麼快？我都快嚇死了，淡淡說：不知道，大概牠很餓吧！

這種不安感覺太可怕了，於是我後來偷偷跟吉米說：對不起啊！偷你的排骨，江湖救急啊！

——•——

無論多痛苦都不要關掉感覺，痛苦時的深刻思考也是活著的意義之一。

無論多痛苦都讓自己懷抱希望，儘管那希望感覺是如此渺茫。

但活著就有機會，曙光乍現，能夠改變！

NOTE

7 我們有一百個飯糰

人生總有一些痛不欲生的時刻。

這個時候苦中作樂是一個方法。

雖然不見得可以解決問題，但至少可以轉移心情，畢竟讓人想死的不是困難的環境，而是絕望的心境。

絕望是自己想像出又沉浸不離的感覺。

練習苦中作樂、練習感恩，不只是讓自己有活著的心境，更是讓自己有切換觀點的能力。

今天是平安夜，平安夜對我有特別的意義；今天更特別，因爲要去參加台中朋友的婚禮。我很期待，我打扮好了，開心等著先生跟我一起去參加婚禮。時間一直過去，但一直聯絡不上他，我開始心急，擔心他的安全；各種幻想式的擔心，讓我呼吸都變困難。

直到一個簡訊：「不要找我了，我們分手了。」

看到這個簡訊，我錯愣，難以置信。是手機故障還是他在惡作劇？回撥還是無人接聽。我開始回想……前天我們參加朋友聚會，回家我說腳酸，他還背著我上樓，一切都很好呀！甚至之前去教會聽「妻子是丈夫的幫助者」的演講，他還對我說我是很好的老婆，對他幫助很大。我實在無法理解，到底發生什麼事？

甚至再回想更久遠的，雖然我們協議分居——嚴格講，是被告知要分居，因爲他覺得小孩太吵，無法專心看股市資訊——當時我的腦子一片混亂，我關掉情緒、想法，愣愣的看著他，感覺熟悉又陌生，再愣愣的說：好。但這幾年，在我進教會後，我們感情不是越來越好了嗎？

滿頭問號的我，無法理解這個突如其來的簡訊，一邊找線索也一邊憤怒：爲什麼選好朋友結婚當天、平安夜分手？忍著快流下的眼淚，快步走回家，一路想著：怎麼辦？怎麼會？發生什麼事情？

但我還是找不到他。

好像只能聯絡公婆。

婆婆安撫我說等他想開就好，好好照顧身體、照顧孩子，他會聯絡我的。

聽婆婆這樣說，好像也只能說好。

因爲先生告訴過我，他有憂鬱症病史、工作壓力很大，我怕刺激他，從不敢讓他生氣擔心。

我猜想大概又是投資失利在鬧情緒。

完全沒想到眞正的原因……

過不久，他要我寫離婚協議，我不肯。

後來我發現戶頭裡面的錢都沒了。

依然沒有太多情緒。

我發現我很習慣先埋葬痛苦的感覺、憤怒的情緒，保持冷靜，爲了能有效的改善情況。因爲眞的太痛苦了，沒有足夠的智慧能來定義這個事件對我的價值，也無法決定怎樣面對。但爲了避免沉溺在自怨自艾的漩渦裡，我就先埋葬痛苦的感覺，再集中意識讓自己打起精神起來。

雖然極力埋葬背叛、遺棄、悲傷、憤怒、痛苦的感覺，但一切並未消失。那些感覺如影隨形，特別在安靜的夜裡，全部湧上心頭時，特別難受。只是我不斷的告訴自己，我不要沉溺在那樣的感覺裡，我還有信仰、兒子和關心我的朋友。

我不能說這麼做是對的，因爲終究都會回來，都要面對；但對當時的我來說，是有效的。我也知道未來的某一天，當我更強大，我會回來面對被我活埋的情緒與感覺。

多年以後朋友問我，當年有沒有想過把小學的兒子交給公婆撫養？一個沒有經濟能力的母親，拖著一個小學的孩子，要怎麼生活？現在的我可能會認眞考慮，交給長輩照顧，或許有更好的經濟環境，也能好好求學。但當年的我只有一個信念，就是「無論如何，都不能因爲任何原因拋棄孩子」。

這個堅強無比的信念，來自於我認爲我是被父母拋棄的孩子。如果選擇放棄孩子，我就依然是一個逆來順受的33。但不想讓孩子感覺被媽媽遺棄，我選擇咬牙撐下去。

小時候一顆飯糰就可以活一天，又不是沒苦過，我不斷鼓勵自己：人生的考驗都會剛剛好，一次次拓展我的極限，但不會壓垮我。

看著各樣的繳費單卻沒錢繳費的時候，我跟兒子一起手拉著手禱告，很快就接到邀請演講的電話。哪怕只是一點點車馬費，都會讓我感動雀躍許久。

只要禱告，就會立即有恩典降臨，當年眞的是用生命去驗證的。

幾位姊妹們知道我經濟的困境後，也會幫忙募集物資。所募集來的物資各式各樣，絕大部分都是食物。最多的是禮盒、零食，以及超商快過期的食物。那年的過年還收到年菜，那份溫暖永遠難以忘懷。

練習苦中作樂、練習感恩，不只是讓自己有活著的心境，更是讓自己有切換觀點的能力。

某日，一位姊妹「一次」拿了一百多顆超商的飯糰給我。當下眞的非常傻眼，眞心佩服她到底去哪裡募集了如此豐厚的物資？看著各式各樣的飯糰，除了滿溢的感謝，也覺得上帝太有創意、太有智慧！我用一顆飯糰激勵自己，他用一百顆！因爲眞的太多，冰箱冰不下，爲了避免浪費恩典，我只好分送給鄰居、其他教會姊妹。分送的時候，不得不交代來源，就只好誠實的說出自己遇到的變故。

我跟兒子討論要怎麼吃掉這麼豐盛的心意，嘗試了煎、烤、蒸、煮……各種料理方法。每次實驗，我們都捧腹大笑，因爲我的廚藝太爛了～

得出來的結論是：鮪魚飯糰只能用煎的，如果拿來煮粥會很失敗。肉鬆飯糰拿來煮粥最佳，但絕對要把海苔去掉。蒸的飯糰會太爛，烤的則是太乾。然後，無論歷經了怎樣失敗的實驗，最後一律都拿去煮粥就對了，不能浪費這些恩典。

接受物資捐贈沒多久，我就在教會找到工作，賺取微薄的薪水。孩子慢慢長大，開銷也變大，幸運的我經過禱告，找到既可工作又能帶小孩的職務。白天在行銷公司做顧問，下午去補習班教數學，假日還兼兩個家教。也嘗試過白天去幼稚園、下午安親班教數學，一樣晚上兼家教，才能應付我的房租、孩子開銷、醫藥費。

第一份家教工作是幼稚園教過的一個學習障礙特教生，上國小之後適應不良，媽媽拜託我協助課業，於是放學後會來我家上課。我非常感謝這位家長，將他的孩子交給我，我也眞心愛惜他的孩子。之後的家教也都是幼稚園跟安親班認識的家長介紹的，感覺身邊一直都有貴人、天使協助我，一起撫養我的孩子。一直到做了財務規劃，我才轉行當講師，《Money》雜誌也曾報導過我從一百個飯糰的恩典開始，歷經了無數的恩典、經歷許多的淚水，我也漸漸找回了安定力量的故事。

多年來，我也會捐贈物資給匱乏的家庭。而因為我帶去的通常是米、麵、罐頭，而不是錢，有時候會看到受助者失望的表情；我覺得很可惜，因爲他沒有看見「愛」。很多人困在自怨自艾裡，也很可惜，因爲沒看見擁有的。這時總會想起那一百個飯糰，我跟孩子苦中作樂又充滿神蹟的日子。

越多感恩，就越經歷到被愛。

那時候即使是陌生的店家、攤販，都會給我買一送一的恩典。連巷口買個滷肉飯，老闆娘都會說我太瘦了，就會把一個滷肉飯裝得滿滿的，我們母子可以分兩餐吃。

連生病時我去板橋文化路的小兒科看醫生，他也不收我的錢。原來是醫生看到我的資料寫著我在教會工作，他說他也是基督徒，所以支持我。縱使幾年後，我對他說我已經不在教會工作了，他也依然不收費。我的生命充滿各種奇妙的恩典。

上帝是不是很有幽默與智慧？除了讓我們母子不會餓肚子，還讓我活在被愛與感恩裡。有些人覺得被接濟很丟人，我完全沒有自憐，或憤恨自己怎麼會淪落到吃過期飯糰，也不覺得丟臉，只有敬佩跟感謝上帝的幫助、姊妹的愛心。

我覺得苦難是看見自己內心的好機會，也是看見愛眞實存在的機會。

我想每個人生命中，多少也會有苦難中被幫助的體驗，讓自己在感動中想成爲更好的人。所以不要覺得被幫助很丟臉，那是恩典；只要感謝，只要讓自己更好、未來更有能力回饋。我喜歡對很多人述說我的感恩，因爲我樂於影響更多人一起爲生活中的小事感恩。

苦中作樂，苦也就沒那麼苦。

從以前到現在，感恩跟幽默感都是我強大的能量。

那是幽暗的生命裡最美的曙光，一直支持著我走向更好的自己。

NOTE

尋找一線生機

8 黑暗的氣息與上頭的聲音

不論做好事或做壞事，神都會看著，
也因為神的看顧，我更堅信自己要做一個好人。

從小，孤獨的我就會跟花鳥蟲魚聊天，一次就可以聊非常久。雖然我不知道牠們是不是很想跟我聊，但如果我叫鳥或魚過來，牠們似乎眞的會回應，讓我覺得萬物有靈。我想這應該是我靈性連結的開端。

國中時代進入了第一個寄宿家庭，跟尿布姊姊住在一起的那段時光，大概就是我開始跟上帝聊天的啓蒙時代。學校不知如何知道了我的家庭狀況特殊，輔導老師都會找我去讀《聖經》，一週一次。讀著讀著，跟上帝的距離好像比較接近，就開始可以對話了。

尿布姊姊其實是個漂亮的正妹，記憶中大概交了三個以上的男友。那時我深知自己的角色叫作「寄人籬下」，所以都會認真扮演約會掩護者。只要她出去逛街約會，都會帶著我這顆超大電燈泡，男友出現後我會立刻閃邊當隱形人。

因為要去比較遠的地方玩需要騎車，她的男友有時會要求三貼，但我怕爆了，男友的朋友就會來載我，改騎兩輛車去兜風。我知道她也不想帶著大電燈泡，但我寸步不離守候在不遠處，怕他們萬一約會太開心把我扔了，到時候回家的時間不同步，肯定會引起軒然大波，讓她被揍。

其實跟姊姊住在一起壓力非常大，因為她會抱怨很多不快樂的事情。長期要包尿布的她，房間裡的尿布扔得到處都是，從來沒有捲好收拾過。在這個惡臭的環境裡，我的身心都過得很辛苦。但我知道她很可憐，因為父母從來沒有用正常的語氣跟她講過話，都是又吼又叫。不像她的男友們，都會用溫柔的眼神看她，含情脈脈的說話。

那時候我常常問上帝，姊姊為什麼要包尿布？為什麼要交那麼多男友，不能好好跟一個眞心喜歡的人交往？跟上帝講了很多內心的疑惑之後，上帝不會開口回答，但我內心會自然浮現出答案——在那個年紀想不出的答案。後來我才知道，這叫作「內在神性共振」。

姊姊其實也是很可憐的，在家裡得不到關愛，她覺得自己不可愛，需要從不同的對象身上蒐集巨量的愛與關懷，才能證明自己是被愛的。但即使如此，她依然空虛寂寞，寒冷悲傷。白天漂漂亮亮地出門約會，晚上還是要面對自己無法克制的尿失禁。尿失禁，可能就跟內在的恐懼與匱乏有關。

除了跟上帝聊天，我也嘗試跟神明聊看看。第二個寄宿家庭是開宮廟的，還會定期幫神像洗澡。宮廟裡的神像眞的有住神嗎？我很好奇，跑去問每一尊神明：「哈囉！你眞的住在裡面嗎？爲什麼要住在這裡？」通常都得不到答案。但有一次我問得十分殷勤，竟然親眼看到神像飄出了一縷黑煙！是的，就是那種爸爸起乩時身邊會出現的黑煙！我嚇得一溜煙地跑掉了。

最認眞跟上帝聊天，是在國二。

爸爸帶著我跟弟弟離開第二個寄宿家庭以後，搬到新屋一個超荒涼地方的透天厝。搬過去之後沒多久，爸爸就開始不回家了。跟弟弟孤伶伶地住在偌大的房子裡面，我內心唯一的信念就是要守護弟弟長大。

以前跟尿布姊姊睡在同一張床的那段時間，我從來沒有「眞的睡著」過。因爲強大的不安全感，只要她翻身、起床上廁所，我都會立即醒來。我到底有多敏感呢？連貓走動的聲音、蟑螂觸鬚揮動的聲音，我都能夠聽見。有一次我跟姊姊說能聽到蟑螂現在爬到哪裡了，她還立刻大叫「千萬不要告訴我！」

事情發生在一個月黑風高的夜晚，睡二樓的我，聽到一樓隱約傳來細微的聲音，原本不以爲意，以爲是爸爸回家。再繼續聽，那不是開門而是細碎的撬門聲；而且不是來自前門，是後門！想到可能是壞人入侵後，我整個人寒毛倒豎，內心的驚嚇絕對比看到阿飄更甚百倍。阿飄不會傷害我，但眞人會啊！

我忖度著，弟弟就睡在樓下，萬一壞人去傷害他怎麼辦？現在應該立刻衝去樓下保護他嗎？但是家裡沒有任何可以作爲防衛的武器，重的東西我也搬不動，要怎麼攻擊壞人？完蛋了，我承諾要保護弟弟長大，這個時刻就要毀棄這個諾言了嗎？但如果不顧一切衝下去，會不會死在一起呢？

就在內心的小劇場已經演了一百齣的當下，壞人竟然已經撬開門，而且腳步聲直朝二樓而來！心臟就快要跳出胸口時，壞人竟然已經打開了門。對視了三秒，我嚇到全身的細胞、血液完全凝結，全身無法動彈，甚至呼吸也快終止了。

他看到我醒著也很驚訝，粗聲粗氣的問爸爸在哪裡？我說出去了。他又問去哪裡？我當然說不知道。於是他就抓狂了，將我往後推到陽台，整個人壓在我身上，我被壓制在陽台，眼看要被摔下樓。他再度問我爸爸在哪？我幾乎嚇哭，說真的不知道啊！後來他改變主意，改把我放在電腦椅上面，拿出預先準備好的粗麻繩開始捆了起來。

他一邊捆，一邊抱怨爸爸欠他錢，而且那些錢很重要等等等等。驚嚇過度的我全身無法動彈，竟然毫無掙扎地任由他捆。雖然現在想來，他捆綁的技法極其拙劣，但那時我只是個國中生啊！嚇得半死的我，內心一直問上帝該怎麼辦？但那時已經被恐懼完全淹沒，哪有跟高靈連結的能力呢？

捆好確定我不能動彈之後，他似乎冷靜了點。而我忽然想到，雖然手不能動，但腳還能動啊！這可是有輪子的電腦椅。冷靜下來的我馬上聽到心裡響起一個平穩的聲音：

「他不會殺你，你不會死。」

這是來自上帝的聲音，我知道的。當時感動得要哭出來了，原來上帝從來沒有離開，一直照看著我。自此之後，我就相信無論做好事壞事，神都默默在看。在未來的歲月裡，更堅信想當個好人。

聽到上帝的聲音，腦袋終於恢復了運轉。既然不會死，這一切都有轉圜的餘地。他既然綁了我，入寶山定無法空手而回，得拿出些有利的東西來交換，才能救我跟弟弟。於是先跟他道歉，說對不起，不知道爸爸會這樣。接著告訴他，住在平鎮開修車廠的大伯有錢，爸爸的錢應該也放在那裡。（其實眞相是，爸爸會去跟大伯借錢。）

聽到大伯家有錢拿，綁架的叔叔不但冷靜下來，臉上還笑開了一朵花。他問我詳細的地址，而記性超好的我也一字不漏地把地址背了出來。

我問他拿到錢要幹嘛，他說：小孩子問那多幹嘛？

我心想：那你綁我一個小孩子幹嘛呢？

內心小劇場豐富的我，忖度著如果他跟大伯拿不到錢，有沒有可能再回來找我跟弟弟算帳？這可要把握機會，用神的力量感化他。（這到底是哪來的天眞信念啦？哈哈哈！）憑藉著上帝賦予的力量，竟然跟壞人聊起天來！

我問他有沒有讀過《聖經》，他說沒有。我說自己每週都要被輔導老師抓去讀經，超討厭的。輔導老師要我讀《聖經》，國小老師要我讀佛經，他們都怕我會學壞。但怎麼可能？我覺得自己挺好的呀！壞人叔叔竟然附和，對啊他也覺得我挺好的。我說《聖經》裡的東西有些很不錯，但不敢跟輔導老師說，不然他知道我喜歡，搞不好要求讀更多。壞人叔叔說對啊，千萬別讓老師知道。

我跟壞人叔叔聊了自己喜歡的《聖經》內容，意圖感化他；還問了自己不懂的部分，當然他說他也不懂。聊到他放鬆心防之後，我就問要不要先幫我鬆綁呢？叔叔立刻幫我鬆開麻繩，還說對不起啊！妹妹，不好意思，剛剛嚇到你。直到快天亮，我跟叔叔說：你要出發了嗎？我該上學了。叔叔說要去找大伯拿錢，就揚長而去了。

隔天我馬上請同學到家裡幫我在房間安裝門鎖。因為也沒能力買厲害的鎖，所以還多裝好幾個。我沒有讓同學知道細節，跟她笑鬧著安裝。等她離開，我在枕頭下放好菜刀、剪刀；因爲我也會擔心，之後還會不會有其他人來家裡要錢？

過不久爸爸回來了。我也沒講細節，因爲不想爸爸有傷害那個壞人叔叔的念頭，只說有人來家裡要錢。經歷了無數次與神溝通的經驗之後，我明白上頭的聲音會憑藉內心出現的話語或影像顯現，這個事件留在我心裡的，除了有恐懼傷害，也有恩典平安與憐憫。

很多人說可憐之人必有可惡之處，我同意，但我也覺得可惡之人必有可憐之處。

無論在多麼黑暗的時刻，只要我真誠地關心一個人，他的生命可能就會得到轉機。

無論是尿布姊姊或是綁架叔叔，他們在令人討厭的面目背後，都有一顆脆弱的內心。

如果我的焦點只放在自己的恐懼，那一晚，我可能就不會看到天亮的曙光。

那一晚，也似乎明白了什麼，我們的生命都在尋求希望，有好多人很努力地懷抱希望才能活下去。

我也是。

NOTE

9 老師，你可以借我錢嗎？

在最困難的地方，上帝有預備。
世界上最美、最不可思議的就是愛。

•

在開賭場的寄宿家庭住到國二的某一天，爸爸忽然出現了。我跟弟弟收拾了超簡單的行李，歡歡喜喜地跟著爸爸離開。爸爸帶著我們住進了一間超荒涼的透天厝，從二樓的窗戶可以看到池塘。當時我真的鬆了一口氣，終於脫離了那些可怕的寄宿家庭，不用跟尿布姊姊同住，也不用在牌桌邊看別人的臉色過日子。充分感覺美好日子就要來臨了。

一開始我很期待新生活，因為自有印象以來，我們父女很少相處，我很想要和其他同學一樣，家裡有爸爸。但希望很快破滅，爸爸還是常常不回家。我的人生充滿期望落空的心碎經驗，加上過去住在寄宿家庭，受盡欺壓，我除了胃潰瘍，還經常在路邊嘔吐；抑鬱成疾，治癒彷彿遙遙無期，這樣的折磨，讓我覺得人生好難、活著好難。

學校輔導老師開始要我每週去跟他談話。應付輔導老師的關心也讓我心好累，他總是要我回答我不想回答的問題，還要跟著他讀《聖經》。

讀《聖經》的時候，我都在想：如果眞有這樣慈愛的神，那祂是不是睡死了？怎不來救救我？回家我就把《聖經》丟在衣櫥裡面，只有要去輔導室的日子，我才會悶悶不樂的帶著《聖經》去找輔導老師。

因爲功課還算好，弟弟也照顧得很好，爸爸經常不在家好像也不影響我的生活，慢慢的，我也不期待爸爸回家了。有時，他會跟他的黑道朋友一起出現，我會嚇一跳，還來不及開心，就不自在、害怕起來。看著爸爸的背影還會覺得好陌生，內心自問：他眞的是我爸爸嗎？因爲他的朋友看起來也不是善類，讓我覺得就算我很努力認眞讀書，也無法擺脫別人貼在我身上的標籤、擺脫不了命運。一股深深的無力感，讓我的心充滿了人生太沉重的憂傷。

後來爸爸回家的日子越來越少，某日房東告訴我，爸爸沒付房租，要我聯絡他，不然就要搬走。當下很害怕自己要帶弟弟流落街頭，緊急聯絡爸爸，但爸爸卻說他要過段時間才會回家，房租他會處理。我聽了心都涼了，因爲過往經驗，爸爸說他會處理就是沒處理。因爲多次對爸爸媽媽的失望，我早就不相信他們的承諾，直覺告訴我，要自己解決比較實在。

我左思右想，還是……跟老師借錢好了！

在牌桌旁聽盡成人故事的我，歸納出一些結論：

跟男人借錢比跟女人借容易。

跟單身的男人借錢比較好，因爲很多男人怕老婆，要回去商量。

評估過狀況之後，決定找單身的理化老師求救。

但我的理化成績並不好，其實內心是很害怕的。

而且我還說過他的壞話耶！

某次在掃除的時候，跟同學閒聊說：「你不覺得理化老師超凶、超討厭的嗎？」

我發現對面的同學臉色僵硬，沒有回話，忽然感覺怪怪的。一抬頭赫然發現，理化老師正在高處看著我微笑！

天啊～當時的我背都涼了，比阿飄找我還要涼，好想死啊。

但我還是處變不驚地對老師說：「哈哈哈！老師我是開玩笑的啦！」

本來微笑的理化老師瞬間笑出聲來，我恨不得挖個地洞鑽下去，同時也覺得老師好像人滿好的？

雖然很尷尬，但問題是，當時能求救的單身男子好像只有他跟美術老師？美術老師看起來也很窮的樣子……哎唷！只好硬著頭皮向理化老師開口了。

怯生生的去老師宿舍，站在他門口，心臟狂跳，一種借不到錢就沒地方住的壓力，逼得我腦袋都快打結。一邊跟上帝哀號哪有國中生在煩惱房租這種事啊!?雖然不讀《聖經》，但危難時刻還是會跟上帝哀號。後來我說了什麼，現在已經想不起來了。總之我跟理化老師借過一次房租跟一次生活費，苦苦支撐著等待爸爸回家救援。

生命總會找到出路

當年我跟弟弟採用的策略，就是弟弟把中午的營養午餐打包回家。至於學費，學校沒來跟我要，反正我跟弟弟就稀哩呼嚕地繼續唸書就是。對於老師的救援，心中的感激無以名狀，總想著要報恩，卻苦無機會，直到有一天我終於有機會可以送禮物給老師。

那時候媽媽偶爾會來看我們，通常是有男友的時候會出現。某次她的男友（我要叫乾爸爸）帶我跟弟弟去灌蟋蟀，抓到超級多的蟋蟀。這位叔叔非常優秀地炸了超多蟋蟀讓我們帶回家吃，而我則滿心歡喜地裝了一大杯拿去理化老師的宿舍請他吃。到現在我還記得他被嚇傻的表情，連忙揮手說不要。每回想起這件事，都快笑死我了～

理化老師的借錢之恩是一個延續至今的美麗故事。

我長大之後想找他，在網路上輸入他的名字一直搜尋不到。直到廣源基金會邀請我去嘉義大學演講，我突然想起老師說過他是嘉義人欸！心想不知道有沒機會再看到老師？

這幾年從事身心靈工作，跟神的頻率更加接近，在搭火車準備去富邦人壽演講的路上，突然靈光乍現，搜尋輸入×××校長，赫然就找到老師!!我興奮得快要尖叫!!原來老師在嘉義偏鄉一所國中當校長。我的眼淚一串串的奔流下來，顧不得在火車上，我立刻打電話去校長室。

跟老師講電話的時候，我都能感覺手在發抖，過往都浮現眼前。

我向基金會提到與老師重逢的故事，基金會也很感動，二話不說的邀請老師來嘉義大學聽我演講。演講過程中，當年的理化老師，也就是現在的校長，在旁邊不斷點頭微笑。時光彷彿回到了從前，現在已經有白髮的校長，依然是當年那個帥氣的年輕老師。當年他充滿關愛的眼神、言語救贖了我，走過了最艱苦的歲月，也成爲我日後愛的資糧。

事後廣源基金會也提撥獎學金到老師服務的學校，幫助更多的學子。我沒想到有這樣的擴散效應，很感謝！很感動！

我今天能願意付出、陪伴身邊需要的朋友，度過生命中的黑暗，是因爲上帝在最困難的地方，預備了理化老師。透過老師的無私關愛與救援，讓我經歷到這世界最美、最不可思議的，就是不求回報的愛，讓我在覺得人生好難的國中時期，沒有放棄活著。

我相信上帝確實存在，祂以各種愛的形式存在，因著這個相信，我走過很多次死蔭幽谷，即使多次躺在手術台、躺在地上流淚，我也記得上帝的愛。

NOTE

失學的日子

10 鳥事後會有好事

凡事看好的一面，轉換觀點，一切都會海闊天空。

奶奶罹癌後，看著辛苦一輩子的奶奶躺在床上飽受病痛的折磨；聽著身邊的大人說著他們的辛苦，我開始覺得人生好難。雖然大人總會說「好好讀書就好」，彷佛人生是建構在「有好成績」就能「擁有好工作」，再結婚生子、建立家庭。然而身邊的大人卻又不滿他們的生活，於是我對於未來的前景充滿了懷疑，試圖從我的生活中找出對未來有幫助的學習，因爲我很清楚，奶奶過世後，我就不再有靠山，凡事得靠自己。

國一，我住進開賭場的寄宿家庭，開始了看人臉色過日子的生活。看賭客的臉色說合宜的話，拿到吃紅；看阿姨的臉色，才能安心好好吃飯；在寄養家庭要會看尿布姊姊的臉色並當她約會的掩護，才能在她的房間睡覺，甚至還要跟狗狗吉米打好關係，才能偷牠的排骨。雖然這段寄人籬下的日子萬分辛苦，但充分學會察言觀色的能力，對於後來待人處事有著莫大的幫助。

國二，有段時間，爸爸帶著我弟弟租了間透天厝，這段時間是我活得最自由卻也最艱苦的時候。雖然再也不需要看人臉色，也有充分的喘息空間，但下一餐無以爲繼的生存恐懼卻如潮水般湧來。那時沒有賭客的剩菜可以撿來吃了，早餐和晚餐都要靠自己打理。爸爸久久才出現一次，給一點錢當作餐費，永遠不知道下次何時會見到他，反正他說「很快就回來」這件事情也從來沒實現過。我每天都在想：「下一餐要吃什麼最經濟實惠？剩下的錢要怎麼分配才能撐久一點？」

那時候晚餐常常沒有著落，因此，中午的營養午餐都想盡量吃好吃滿，但卻又很在意別人的眼光，爲了避免在打菜的時候招來同學異樣的眼光，我會特別觀察同學們打菜的方式跟分量，讓自己打菜的量和方式不要跟別人相去太遠。就算是「需要充分吃飽」，也要做到不露痕跡，才不會被人嘲笑。總之要從同學那裡得到愛與認同，對家境貧困的我來說，也是一件既辛苦、又燒腦的事。

有一件事情也讓我印象很深刻，就是「沒有錢變美麗」。國中女生已經到愛漂亮的年紀，會群聚討論買些美美的飾品服裝。我一開始會假裝毫無興趣，說：「還好啊！還可以，沒有特別喜歡」這類的話；但我後來發現這樣交不到朋友，就進入了「附和」的階段。和同學一起欣賞漂亮的東西，並附和著：「好美喔！很不錯呀！」然而，當同學說要帶我去買的時候，內心的焦慮就飆到了最高點。既不能承認經濟拮据，又要找不著痕跡的方法推託，對才是國中年紀的我來說，眞的太艱難了。

現在想來，應該就是國二時期那滿滿的生存恐懼造就了我厲害的理財能力——怎麼省錢、算錢、分配、調度。爲了克服自己想變美的購物欲望，我告訴自己：「那些都不需要」，把錢省下來，作爲活下去的經費。所以當時神奇的就是，雖然永遠擔心爸爸還沒出現之前會把錢花光，但錢永遠都會有剩。

國三時，由於綁架叔叔闖入新屋的房子，爸爸帶著我跟弟弟搬到新的地方，跟一位年紀很大的阿嬤房東住在一起。一樓的廚房經常有我最害怕的蟑螂讓我驚聲尖叫。說到蟑螂，這是我極大的恐懼。本來我覺得蟑螂跟蟋蟀有點像，不怎麼怕。但一次颱風天，有位同學邀了幾位同學和我去她家，沒想到她家居然也很窮，住的是土房，因爲颱風天淹水，一堆蟑螂爬滿了她家牆壁。什麼「數大就是美」?!徐志摩肯定沒看過滿滿的蟑螂牆。嚇得我根本不敢進她家，當然我也不敢跟她說「是因爲你家蟑螂太多」，怕她傷心。但是，之後每次同學問起，爲什麼那天我到了門口卻沒有進去，我都沒辦法回答，只能閃閃躲躲的，到最後爲了逃避，只好一下課就趕緊離開教室，漸漸的，同學也就更疏遠我了。

說回國三時期的那位阿嬤。在別人眼裡，阿嬤可能是一個很愛碎念的討厭老人，但我跟她處得很好。阿嬤會煮飯，也會喊我跟弟弟去吃，自然解決了我們的生存問題，爲了回報她的恩情，我課餘都會陪她聊聊天、幫忙做點家事。

阿嬤煮的食物非常簡單，流程都很一致，肉類都先川燙，下一頓變回鍋肉，吃不完再變滷肉紅燒肉；湯類都是從清湯變成火鍋湯，再煮下去就變成「佛跳牆」……爲了不要讓好好的湯，變成混雜的「佛跳牆」，我都會努力的吃，畢竟吃飽比什麼都還重要。

那個年代，家境不是太好的老人家都是這麼養育孩子的。

阿嬤經常抱怨兒子們都不回來看她，回來只會拿錢，萬一哪天她的錢沒了該怎麼辦？剛開始聽多了難免會覺得煩，但一轉念，我反而明白了，阿嬤是在擔心一旦她沒錢了，兒子就不回來看她了。雖然，我會抽時間陪伴阿嬤，幫她做點事，但是，我更明白，阿嬤的內心仍然非常寂寞，也有很多的擔心。因此，即便是她經常碎碎念，我也就不會覺得厭煩而難以忍受了。

就在我準備聯考時的某一天，收到了法院對爸爸的起訴書，隔沒幾天，我也從阿嬤那裡知道了爸爸沒有繳房租的事，爲了分擔經濟重擔，我找了份派報夾廣告的工作。派報夾廣告有兩種計價方式，一種是算份數，另一種則是算時間。我仔細算了一下，若是算份數，做一整天也賺不到八百，還是算時數划算，一天有固定八百。

一開始我是被安排在某個交流道旁邊發，那裡的車流量眞的很可怕，我便去找老闆商量看是否能讓我換個路線？後來就變成區域性塞信箱。在那段時間裡，我還曾因爲錢轉不過來，去和老闆商量預支薪資，現在想來，從國小第一次跟柑仔店老闆「協商」開始，「學會商量」的能力就已經養成了，而國中時期更是有機會「充分練習」。

苦撐多時之後，某日回家卻發現弟弟不見了。用BBCall跟爸爸聯絡後，才知他被帶去住在爸爸女友三重的家。爸爸說我可以過去，不然他也沒辦法了。我稍微考慮一下，選擇不過去，主要是不想增加那位阿姨的負擔。某種程度的覺得，親媽都能一走了之，何況爸爸的女友？還是別麻煩她了！既然弟弟跟著爸爸了，我自己打點自己應該還行，所以深吸一口氣，告訴自己：走一步算一步吧！

迅速搬離阿嬤家之後，臨時借宿同學家。同學有去問她的爸媽，我要怎麼辦，並且告訴我「中途之家」這個名字。「中途之家」好像就是給沒有家的孩子住的，但我對寄養家庭這件事情眞的太厭倦，最後放棄就讀高中，選擇去找工作，想辦法堅強的靠自己活下去。

爲了在最短的時間有地方住，我應徵了工廠作業員的工作。跟一群外勞在電子工廠焊接，做著機械式的工作，爲的是有個棲身之處。當時的宿舍極爲老舊，廁所也沒門，心裡好不安，經常被人聲走動聲嚇著；床也是小小一張單人床板。有時候就會突然悲從中來，覺得自己眞可憐，又一邊鼓勵自己，「吃得苦中苦，方爲人上人」。所有還記得的勵志格言都拿來想一遍，日子就得過且過。

做沒幾天，發現這個工作眞的太無聊，而且完全沒時間聊天、交朋友。已經沒有家庭的愛，怎麼能沒朋友？但，既然做了，總要拿到錢，才能去找房子住。好不容易做到一個月跟老闆說要離職，當初說的薪水卻被七扣八扣地，少了好幾千。雖然很氣憤，但年紀輕輕的我，未滿十六歲，連打卡紀錄都沒有，又隻身在外、沒有靠山，心想既然討不到錢，還是趕緊尋找下一個出路。這個經歷就讓我學到，**找工作，千萬要談清楚條件，這才是最重要的**。

離開電子工廠之後，我到處看街頭有沒有張貼的招募海報，沒有十六歲要找固定收入，當年眞的挺困難的，只能這裡端個盤子洗個碗，那裡派報跑個腿；每天數銅板、啃土司的生活雖然辛苦，但總強過寄人籬下、被欺負的好。後來聯考放榜了，我考上國立學校了，可惜的是沒有註冊費。我打了電話想找爸爸，阿姨說爸爸又進看守所了，還要我把弟弟帶走，眞是雪上加霜。

這時我親媽終於做了最對的事，去三重接走我弟弟。只是我的註冊費，她就叫我自己想辦法了。當下我怎麼都想不明白，爲什麼她的男友——那個她要我叫他叔叔／乾爸的人——明明開著賓士車，甚至聽媽媽說，他們在台中也有買房子，看起來日子過得應該不錯，卻不願意幫我付註冊費？這事也就成爲我的心結，埋藏在我心底的小盒子，隱隱作痛。

後來終於在車站旁的麵包店找到了工作，那眞是一段快樂的歲月。做外場的我只要有空閒，就會主動幫忙內場的工作，晚上還會主動留下來打掃完後才回租賃的雅房。麵包店上上下下的人，從老闆、老闆娘，到麵包師傅，都對我很好。有一次師傅還做了一個蛋糕，大家幫我過十六歲生日，這是有生以來第一次有人幫我過生日，我太感動了。但我也充分瞭解到，雖然付出不一定總會有好的回應，但絕對不要放棄善良，烏事過後就有好事。

當時，下課時間就會有人潮湧入麵包店，我的心情也很複雜。因爲經常能看見一個等車的背影。看著以前的國中同學，尤其是自己喜歡的男同學揹著書包上高中，心裡是既羨慕卻又覺得難受。雖然那位男同學也曾經得到他父母的同意，邀我去住他家，他媽媽還說可以跟妹妹同房睡，沒問題的。而且，他爸媽開餐廳，我若在餐廳那兒打工也可以解決安身問題，但我覺得人情欠太大，太難還了，以後是不是就得嫁給他了？明明是件簡單的事，卻由於自己心中一連串的小劇場，又不知道該怎麼表達，最後雖然感恩男同學和他父母的心意，但還是選擇了放棄。偶爾也會想，如果當年臉皮厚，現在會不會早成了餐廳老闆娘了？畢竟我很容易感恩又顧家。（自己說）

若是時間能倒流，就算我依舊不改我的選擇，但我肯定會好好的感謝他的心意，因爲這條路也是讓我相信「天無絕人之路」。

在麵包店還發生過一件印象深刻的事。有一次去送麵包，超商老闆責怪我們提供的麵包發霉，害客人來退貨。店裡的麵包是固定跟幾家超商合作的，這可是大生意，萬一因爲這件事而取消簽約，對麵包店來說可是大損失，生意肯定會受到影響，對超商的信譽也會有很大的影響，那大家怎麼辦？我喜歡和大家在一起工作，因此，我決定一定要找出解決的方法。

麵包不是我包裝的，但若是把責任全推給負責包裝的人，頂多讓他被開除，對事件本身毫無幫助。於是我用非常誠懇哀切的神情口氣跟超商老闆道歉說：都是我的問題，麵包還沒吹涼就裝袋，悶著水氣才造成發霉，不是因爲不新鮮。都是我的錯，如果你生氣，我可能會被老闆炒魷魚，你可以原諒我嗎？

超商老闆看我可憐兮兮的表情，口氣當下就軟了，爲了怕我被炒魷魚，還教我要怎麼補救這件事情。我問他客人退貨的那條土司要不要我賠錢，超商老闆很阿莎力地說不用。這件事情就意外地順利解決了，我很高興間接報恩成功，老闆事後還幫我加薪，因而感到我工作上的運氣眞好！

回想起這一連串顚沛流離的歷程，很感謝神給我一個超棒的信念，就是凡事先看好的一面。轉換觀點就能轉換心情，一切都會海闊天空。看臉色使我學會察言觀色、經歷生存恐懼使我學會節制、聽長輩碎念學會理解別人的需求。

許多個案會說，看人臉色、討人喜歡這件事情讓他們覺得自己很沒有價值，但我會告訴他們，能看懂人的情緒、說智慧的言語也是一種學習。

勇敢的靈魂，生命才總是充滿挑戰，這世界壞人很多，但不會都是壞人，鳥事很多，但人生不會都是鳥事。先好好在困苦中學習，就能拿到珍貴的禮物，鳥事後，總會有好消息，就像黑暗之後，總會迎到光明。

NOTE

親眼遇見神

11 孩子，回家吧！

不需要別人讓自己變得更好，
而是自己要讓自己變得更好。

—— • ——

十九歲的時候，我遇見了他，陷入掙扎的熱戀。

他比我大了十一歲，在我心中是類似父親一樣的角色。一開始他的工作是財經記者，工作壓力非常大，又卡債高築。我們同居後又漸漸發現他的情緒起伏很大，我每天觀察他的臉色判斷股票賺或賠，過得很是辛苦。雖然他這些狀況都成爲我極大的隱憂，但對於他的成熟溫柔，甚至還幫我綁鞋帶、梳頭髮，從小缺乏愛的我，被這些細膩的舉動深深打動。我經常掙扎要不要繼續交往？畢竟我從小吃苦，對於金錢、人性都有強烈的不安全感。

直到有一次，心中太不安了，於是在通訊軟體與當年幫我裝鎖的國中同學聊天時，提到等我的學歷鑑定考試結束就離開他。未料他竟然無意中看見這段對話。他沒有向我問罪，當晚緊緊抱住我說對不起，如果想分手，就等考試完再搬走。那時我內心充滿了罪惡感，覺得自己眞是太自私了！應該要好好反省才行。再加上交往時發生一個事件，痛苦的我對他哭訴，他除了安慰我以外，也帶我去報警提出告訴，陪我出庭。這兩件事讓從小無依的我，頓時覺得或許他是值得依靠的對象，就一路走下來沒有分手，不久我就懷孕了。

懷孕之後，一開始他因爲經濟因素而打算墮胎，我不知道流了多少眼淚才改變他的心意，這是我第一次利用情緒得要到想要的結果。整個懷孕過程，因爲我的體況，身體心靈都感到很辛苦，但我也不敢作聲，心底深處覺得是我執意要生，就不該討拍。而且自從決定要生下孩子，經濟壓力更大，我應該要多體諒他，於是他一次也沒陪我產檢，連生產也是。故作體貼大方的我，其實很孤單悲傷。

後來我們登記結婚，但因爲他要用我的戶頭操作股票，又去登記了離婚。當年我付出了一切：交出自己的錢、拿出戶頭、努力付出感情，還懷了孩子，但卻連一個名分都得不到，內心的不安全感眞的要炸裂了，這也種下日後互動不良的因。

他是個溫柔的男人，但也很會用「自己想要的方式」對我好。懷孕時他在家寫書，我下班回家，收到他的情書，前半段感謝我懷孕之後還要工作，眞的很辛苦，他會更努力賺錢讓我以後過好日子。看了之後本來感動莫名，但後面卻寫「懷孕只能胖到六十公斤，而且產後要立刻瘦回來，不然我會買胖子的衣服給你，並且大聲嘲笑你是大塊呆，哈哈哈！」

孕後急速發胖的我看到這裡立刻雷達警報大響，玻璃心碎裂一地。但他正笑嘻嘻地等著看我開心回應，所以我只好努力擠出感動的樣子讓他高興。那時不禁想著，這樣是要演一輩子嗎？但轉念一想，如果演戲能換他的開心跟我的婚姻，好像也值得了。

生孩子是人生的一大轉捩點

我的生命從此有了更重要的人要照顧，但也開始進入新的黑暗時期。

坐月子的時候住在夫家，所有言行舉止都會被管教。那時我們住在客廳一間無法鎖門的和室房，公婆會隨時忽然拉開門把我嚇到。公婆對於照顧孩子意見非常多，我怎麼做都不對，深深的沮喪、無力快要擊敗我：我從來沒有努力還做不好的事情。以前的我用盡力氣，事情就會好轉，怎麼在嬰兒、公婆身上就行不通？就連我煞費苦心做了一桌子的菜，但公婆看一眼就說：煮這能吃嗎？我只能轉身進廚房，重新煮他們要吃的。他們沒有惡意，只是表達很直接，但我感覺被貶低、不被喜歡，就非常傷心。現在想來，這就是自我價值過低，太想要被家人肯定的表現。

後來我們搬到頂樓加蓋的房子獨立出去住，雖然解除長輩的壓力，卻陷入「貧賤夫妻百事哀」的困境。前夫常常說虧錢沒錢，有時會自嘲或開玩笑說我們明天要跑路，都讓我嚇得要死。以前在外寄宿漂泊，是外在環境危險；但我還可以選擇自立離開，但現在有了家卻不安穩，而且更無法改變他的想法，我對一切感到恐懼憂傷，挫敗無力。

我告訴自己要體貼，但渴望關懷的我卻有很深的無力感。孩子稍大之後，我去做信用卡行銷的工作來補貼家用，但回家後依然要照顧孩子跟做家事。老公不僅沒幫忙顧小孩，還會吹毛求疵，表示家裡還可以更乾淨。工作做得好會加薪跟升職，但對家裡付出什麼都好像是應該的。因為老公壓力大，自己的壓力就不重要。疲累的我常常把一堆想講的話全部隱忍下來。

「要讓老公開心，自己好像要很不開心」變成了一種信念。

我把他的期望當作標準去滿足，打擊了我所有對婚姻的美好期待。日復一日的想讓他高興、壓抑自己的感受想法，久了，我好像也忘記開心是什麼感覺了。就連他在母親節送了皮夾給我，收到禮物的我，腦袋知道要感謝，心裡卻沒有開心的感覺。連假裝喜悅，都演得勉強。

他能言善道，很能說教。有時我忍不住抱怨出口，他會用一堆大道理讓我承認自己是錯的。於是我會告訴自己：算了！這些無數次的「算了」，其實是一種「情緒活埋」，也是一連串危險的未爆彈，未來的某一時刻，就會將彼此的關係炸碎。

長期的情緒壓抑，讓我的自我越來越縮小，看起來越來越抑鬱，常常哭泣。前夫約莫也發現狀況不妙，帶我去廟裡拜拜，但不見效果。有一天他告訴我，他的主管要約我去教會走走。現在想來，或許就應驗了一句：「人的盡頭，就是神的起頭。」

國中時期被逼去讀《聖經》的我其實不想去教會，因為那時並沒有接收到好意，只是覺得基督徒都愛邀約。但我的模式是希望他開心，也希望聽話會讓他主管高興，就答應了。要去教會那日是個狂風大作的颱風天，但我已經答應要去教會，守信用可是我一向的原則，就獨自一人冒著大風雨前往了。

守信用，讓我第一次看見神。

提早到了教會，他們正在預演等下要帶唱的詩歌。聆聽著詩歌，赫然發現自己的眼淚怎麼流了下來？我告訴自己不可以流淚，第一次到教會，還要認識他主管，這樣很丟臉。下一刻竟然發現詩歌的聲音遠去，我好像進入了另外一個時空。我眞實看到光，而且光包圍著身體，非常溫暖。光裡面有一個存在，祂直接傳達意念給我：我是神，不要怕，我愛你。

在光裡面流淚的時間彷彿只有一瞬，下一刻就回到了教會現場。才發現已經是兩小時後，牧師開示都已經結束了！前夫的主管跟兩位姊妹走上前來，說歡迎來到教會。他們問有沒有什麼想禱告的事情，我直接說孩子已兩歲都沒有公開儀式，我希望能盡快有個婚禮。於是他們就陪我一起禱告。並給我一本《聖經》，告訴我回家可以讀《聖經》，神會透過《聖經》跟我對話。

小時候看到的「神」都是在宮廟，拜拜後降乩的。脾氣很壞，會大聲喊叫，還要拿刀砍自己。我那時候感覺的神都是凶神惡煞，讓我怕得要死，一點也不想接近。但這次看到的神眞的太溫柔、太溫暖了，於是我回家後，拿著教會給我的《聖經》，默默跪在床邊祈禱，請神跟我連結。我對祂說：請證明你是愛我的神，現在就在這裡，用《聖經》回應我。

接著隨意打開《聖經》，就翻到那一頁：〈詩篇27：10〉「我父母離棄我，耶和華必收留我。」剎那間，淚水如黃河決堤般流下來。我跟神禱告，如果今年底結婚，我就相信你是愛我的神，我就受洗。之後不久，我的夢想成眞了，我跟前夫在教會接受衆人的祝福，也舉辦了熱鬧的婚宴。而我就在婚宴之後二十天遵守約定受洗了。

本以丈夫爲天的我重心開始轉移，告訴老公不可以用我的戶頭作股票，神希望我們老實賺錢，還提出週日能否一起去教會。前夫看到這樣的改變並未覺得欣喜，反而因爲我受到教會的影響，終於有「自主意志」而常常吵架。直到我被神感召要去報考神學院，他說他放棄改變我了，他工作壓力也很大，想安靜，於是他把孩子留下，獨自搬離，告訴我每個週末他會回家。

我很煎熬，一邊是我的丈夫，雖然辛苦討好他的日子我也不開心，但他也對我付出許多，我不想他不開心。一邊卻是眞眞切切的神，溫暖有愛的神要我做神職人員。習慣壓抑的我無法確定自己的感受與想法，就只安靜的看著他搬走，體會到心如刀割的疼痛，淚也不敢在他面前流，什麼都說不出口。平日上課、實習傳道、獨自照顧孩子，經常在等曬衣服時，就累到在洗衣機旁睡著。假日等他回家，做假日夫妻。

某天早上心血來潮，忽然心裡有個聲音要我去使用前夫的電腦。他的電腦幾乎天天帶去公司，但不知爲何當日遺留在家？我打開電腦，莫名想去清理資源回收筒，這下竟然打開了潘朵拉的盒子，發現老公有了外遇。裡面有一個長達八十幾頁的檔案，記錄如何愛上一個有夫之婦，以及所有的約會心情。

看著長長的約會紀錄，我比對出他去約會時是如何欺騙我，其中還包括某日兒子摔破頭流很多血，他徹夜未歸，說是去打牌，其實是去約會。悲傷的我哭到呼吸困難，覺得付出那麼多竟然被背叛，內心除了委屈、悲苦，還有很多的自我否定。

本來就有心臟病，哭到呼吸困難的我驚覺自己可能會這樣掛掉，如果這樣死了眞的太不值得了。在告別式上面宣告我是因爲發現外遇被氣死，很丟臉，也會讓孩子畢生有陰影。有生之年得對這個世界有幫助，死後留下好的精神，人生的畢業典禮要精彩感人，可不能這樣冤枉啊！腦海的小劇場轉了好幾圈之後，坐在地上誠心禱告，求神幫助我平靜。

在那之後，我問神，爲何要讓自己看到這些紀錄呢？如果什麼都不知道，是否能幸福的活下去？神沒有給我答案，但心中響起了一個聲音：「孩子，回家吧！」

那時候我的解讀是，我有一個使命，就是讓他信主，重新回到家庭，讓孩子經常看到爸爸。於是我盡力把家事做到最好，更謙卑柔順。因爲他那時已經搬出去住了，只有假日回家，我把握相處的時刻，把乖順的妻子表演得很賣力，希望盡力挽回。

「我們要不斷饒恕一個人，愛他的靈魂，而不是外在行爲。」

秉持著這個信念，他也看見了我的努力，回家的時間與次數漸漸頻繁，甚至回到教會參加弟兄小組，跟我一起見證神的奇蹟。記得有一次全福會主題是「妻子是丈夫的膀臂」。他當時還稱讚我說，我就是一百分的妻子。那時我還以爲苦盡甘來了……

好景不常，被愛感召的他回家之後沒多久，竟然展開了第二次的外遇，再也沒有回來，一直到戶政通知我他再婚了。那天我跟朋友約吃飯，還記得在板橋文化路的火鍋店，朋友不知道如何安慰我，我說：「沒關係，都傷心了就不要傷身了，我要把火鍋吃光光。」

我的一串串奔流眼淚配著火鍋，靜靜的全部吃光後決定提起訴訟，取回孩子的監護權。

確認他第二次外遇的我非常平靜，思前想後，終於發現對「孩子，回家吧！」的解讀，是個天大的誤會。神不是要我委屈求全，感動他信主，而是要我自己回家，要回神的家。

這麼多年以來，我的內在只有「應不應該」，沒有「開不開心」。用腦袋運作邏輯思考，漠視自己的感覺，沒有任性跟撒嬌，讓我變成了不是自己的自己。而此刻，我終於掙脫了束縛，不用向外尋求，不需要對方認同我。

再也不需要爲了其他人讓自己變得更好，而是因爲想要自己變得更好，而變得更好。用神的眼光來看待婚姻中的外遇事件就不是傷害，而有比較多的良善，也長了不少智慧；原來能好好愛自己的人才能眞正愛別人。

我對於愛有自己的認知，再加上我所理解、經歷到的眞理。對於人際關係，能理解他人的觀點與情緒，又不失去自己的立場；能不擔心別人的反應，勇敢自由表達想法與感受，不在受害中放棄溝通，也不強求自己想要的結果。時時調整自己的寧靜與喜悅，獲得的心得大概又可以寫一本書。

過去孤獨的我一直在尋找一個家，卻發現沒有一個地方是自己的家；原來只要心安靜，回到內在寧靜空間跟神在一起，就會有不震動的安全感，原來神就是我的家。

「看見自己存在的價值，不需要成爲誰的誰。」

而人能成爲誰的誰，那是一個美好的緣分，不管時間多久，都是久別重逢、因果平衡、彼此的課題與禮物。感謝神讓我知道，每一個人都獨特美麗尊貴，都是神的孩子，終有一天也都會回天上的家。

願我們在地上的旅行都能圓滿無憾，願我們眞實看見、勇敢面對。

NOTE

12 以色列的神蹟

願意無條件的去愛一個人，願意無條件的付出，

這就是神給予的，也是神跡。

—— • ——

進入教會之後，感覺神更會跟我對話，眞的非常有趣、神奇。如果有什麼疑惑，只要安靜下來，就會有意念直接映在腦海，越安靜越容易有回應。有時候只要一下下，有時候需要很久；但只要安靜等待就可以。有時候答案不夠明確，神會直接讓我有《聖經》經節，我再去翻閱《聖經》，就能得到更多的啓發。

很會跟神聊天的我，其實從未想過要做神職人員。那時教會公布說要辦神學院，培訓有志者成爲神職人員，但當時是老公第一，覺得不關我事。在牧師布達消息的時候，我根本沒在聽，想著別的事情。孰料到聚會結束的時候，心裡竟然響起一個聲音：「要去考喔！」

這個意念非常明確，就是神所傳達的。所以我只好跟神表示：「你要負責讓我考上喔！」這是公費的神學院，畢業之後就是神職人員，名額非常少，考上不用付學費。可是我入教會不久，舊約、新約都還搞不清楚，翻《聖經》特別慢，都要靠旁邊的教友幫忙。但就是相信神會讓我考上，就衝了。

《聖經》總共六十六卷都還沒讀完，對於要考啥眞是茫茫然。還記得有一題是默寫耶穌擘餅給門徒時要講的話，這個我哪裡會知道？只好回想主日聚會時，長老講了什麼。還好平常都很聚精會神聽講，這題就這樣莫名過關了。

讀神學院那段時光是最歡樂的，一方面也是當年沒有讀高中，一直很想繼續求學。神學生有非常微薄的薪水，但一個月也有一萬二；不用擔心生存問題，也沒有人會傷害我，只要好好讀書就好，這眞的已經是天堂了。每天讀《聖經》超快樂，後來實習做的事情也非常熟悉：關心弟兄姊妹、帶小組、讀經講道，都像是很久以前做過的事情。

懷抱著唸神學院的理想，但孩子在讀幼兒園，此後便進入一根蠟燭兩頭燒的生活。最早班的娃娃車六點五十分到，之後要在七點半以前從板橋趕到國父紀念館附近上課。神學生白天上課，晚上要全面參加教會的活動，如果有小組禱告會，會進行到到十點多才結束。娃娃車在傍晚將兒子送到教會，就一起參加晚上的活動，累了就睡在教會，不哭也不吵鬧。現在想來，眞的很感謝陪著我一起唸神學院的兒子。

二十幾歲的年輕女孩是不怕累的，忙完白天的學業，晚上回家還要整理家務。記憶最深刻的是常在洗衣機旁邊睡著。只有在洗衣機旁邊聽著隆隆的聲音，才會提醒我衣服還沒晾。衣服沒晾會臭掉，那天就浪費水白洗了。古人是懸梁刺股，我是讀《聖經》等洗衣服。

長期睡眠不足，我們的模式都是隨時可以睡著的。有一次帶兒子出門，他蹲在路邊就睡著了。這麼能睡的我，只有禱告不會睡著。因爲要接訊息需要很專注，這怎麼能睡？

睡眠不足，上課經常趴在桌上睡著，流下一大灘口水。但奇妙的是成績都還不錯。當年應該是肉體受不了疲勞，但靈魂可還醒著；要不就是前世就曾學過這些東西，才能總是感覺熟悉，一看就會了。

我很喜歡那時候的牧師。他爸爸是教會創辦人，爸爸過世之後就從加拿大回來接任位子。牧師眞是神人，可以布達一模一樣的道，甚至肢體動作跟笑話都完全沒變。我自己後來當講師，只有脈絡相同，但衍生出的內涵都不太一樣。深感到牧師的記憶眞的非常厲害。

信耶穌之後，相信大家都是神的孩子，是可以平起平坐的。因此我沒有什麼權威議題，上課都坐第一個位子避免瞌睡。牧師也常會主動問我講得好不好？他知道講得不好就會讓我完全睡著。有時看法跟牧師不同，也會主動找他討論。牧師還發現我很有教導的恩賜（意指天賦），因爲每每有主題申論跟試講，我都能說得條理分明。

長老是最會碎念的老爸爸，是個退休教官。本質嚴肅的他，如果沒有照他的話做，板起臉來可是陰風陣陣。很多人很怕他，說他就是個碎念的老人家。但我覺得對我好的人要愛他，臭臉還是要愛。長老生氣，代表他在意這件事情，我們應該用更深刻的心去理解。

成爲神學生之後，禱告的能力越來越厲害。在禱告之前不用刻意準備，就能信手捻來。陪著教友禱告時，能夠有見異象的恩賜（看得見畫面），跟當事人的情況完全吻合。從此只要專注看一個人，有愛的感覺，就能夠立刻連結而見意象，是神給予最好的禮物。

神也會透過我傳達訊息。記得有次排隊買臭豆腐，忽然得到訊息，讓我告訴前面的女生，她媽媽的病會好。當時我很怕對方會把我當神經病，想與神討價還價不去講。後來發現神不講話，只好還是乖乖去做。沒想到那位女孩立刻眼眶含淚道謝，說她也是基督徒，謝謝我的傳達。

不只是基督徒，佛教徒也可以，神的旨意會隨時出現在腦海，有時候會心血來潮打電話給某人，或是突然買一個禮物是對方禱告很久的。有人東西掉了，能告訴他東西在哪裡；有人快要出事，也會有靈感預知。

我和前夫是在考神學院之際決裂的，他非常反對我放棄銀行的工作，去領神學生的低薪，說頭殼壞去了。讀神學院的時候，前夫已經離家，我常常在洗衣機旁邊讀《聖經》邊哭，內心十分淒楚。但還好當時是跟神如此靠近，不然早就支撐不下去了。忙得沒有時間傷心，暫時沖淡了前夫離去的難過。

但內心難免有一個聲音問道：如果沒有跟神連結，婚姻是否就不會走到這個地步呢？我的生命就是拿來幫助別人的嗎？爲何要幫助別人、做神的事情，就會失去家庭呢？

那時看到教會裡男牧師的妻子大多都會幫忙，但女牧師的先生大都不進教會，婚姻也大多不睦。似乎女人都會支持男人的事業，但男人不會支持女人的事業；是不是女人不要太出頭呢？那時還加入傳道會，強調妻子要順服先生。我反省許久，覺得自己當初是否應該花更多心思取得丈夫的認同，再來考神學院呢？

只是內心有這些疑惑，但從未說出口。沒想到有一位新加坡來的牧師竟然告訴我們分會的牧師，建議讓我先回家挽回老公，暫停服侍。這件事情到現在仍是一個謎，神知道我的心事，就讓一切自然發生了。

神學院期間，有一件印象非常深刻的事情見證神的奇蹟，就是要去以色列朝聖。朝聖是每個教徒的夢想，我也準備了一筆錢要去實現，誰料到就在繳完頭款三萬多之後，發生了無敵大悲劇，就是所有積蓄被盜領了！

那天，我騎著摩托車要去歸還租借的ＤＶＤ。一下摩托車，想說馬上就出來，順手將背包放在摩托車的置物籃裡面了。哪裡知道就在短短一瞬間，隔壁店的老闆就跑過來告知，看到有人拿走置物籃的背包。我立刻衝到斜對面的警察局報案，結果發現就在十分鐘之內，戶頭裡面的二十幾萬都被領走，當然背包裡的現金四、五萬也不翼而飛。那些錢是教友奉獻給教會的款項，不見了委實事態嚴重。

既然事情已經發生了，在警察局的我就靜下心來作感謝禱告。結果心中立刻浮現一段經文：

「賞賜的是耶和華，收取的也是耶和華。耶和華的名是應當稱頌的！」

當下忽然理解，這件事情是神知道而且允許發生的。神愛所有人，包括領走我錢的人。在神的愛裡面，所有人都要得到益處。所有發生的一切，神都在觀看。

禱告之後，我沒有焦慮哭泣，態度很好的做筆錄。後來還問候警察，理解他們的辛苦。小時候常有警察來家裡問爸爸在不在，我對警察本來是有恐懼的，但從事神職之後，就有意識地把貼標籤的事情拿掉了。

那時最神奇的是警察被我感動，讓我拿一箱《聖經》過去警察局，一人發一本。犯人是慣犯，透過監視器，後來有成功逮捕。警察知道我是神職人員，竟然告訴我，犯人才二十幾歲但是吸毒，老婆懷孕了，看我能否跟他談談，感化犯人向善。

我後來見到的是犯人的妻子，她可憐兮兮地道歉，說家裡沒錢，孩子還小要養育，肚子裡還有一個。本想帶她進教會得到幫助，但又不希望她感覺矮我一截，只好在現場安慰她，並且一起禱告。

人在遭遇損失、承受痛苦的時候，的確很難覺得感謝。但我運用禱告，將焦點拉回來，抽離難過的情緒，用其他觀點來看事情，所有的一切變得不一樣了。

雖然抓到了犯人，但錢已經被花光了。那以色列之旅的尾款該如何是好？

打電話問主辦單位，表示訂金不能退還，要全數轉爲奉獻。一心想成行的我，將結婚的金飾拿去當掉，拿到七萬多，剩下不足的尾款就向當年帶我入教會的朋友商借。

歷經千辛萬苦終於成行，但身上沒有任何剩餘的錢可以吃飯，也沒有臉再開口借錢。樂觀的我想著，頂多到時候進行禁食禱告。將吃飯的時間拿來禱告，可以練習專心，不但禱告的時間變多，讓身體少吃也是有好處的。

出國前的第一個神蹟，就是長老忽然給了一筆錢，說出國要走很遠的路，叫我去買鞋。那時感受到荒漠甘泉般的溫暖，更堅定了此行的意志。

機場轉機的時候發生了另一個神蹟，就是有人從主辦單位得知我的困境，捐獻了大約一百美金，支援十六天的生活費。所有參加以色列朝聖的人都是薪水微薄的牧師，能拿出這麼大一筆錢幫助不認識的人，這份愛的力量是有多麼大啊！

對於收奉獻有心理障礙，不敢隨便花用，當年的我還沒有安心被神愛。想著盡量節省，可以把這筆款項再捐給當地的教會。飯店是提供早餐的，我悄悄偷渡了一種圓形的麵包，想說中午的時候可以充飢。

中午吃飯的時候，爲了避免同行的室友發現我沒飯吃，便佯裝要去禱告，躲到角落偷吃圓麵包。因爲以色列非常乾燥，偷渡出來的圓麵包放到中午已經硬到不像話，用手根本剝不開。直接咬下去試試，竟然發出「唉唷！」的叫聲。這麵包硬到可以殺人啊！旁邊有台灣分會的人看見我咬不下硬麵包的窘樣，哈哈大笑起來，並主動分享了食物。

後來幾天就跟神禱告，問能否將奉獻款買東西吃，神告訴我當然可以。我發現自己處心積慮要做的好像都是傻事，在眞的有困難的時候，應該主動告訴別人需要什麼幫助，而不是自己瞎忙一場。

就在以色列的學習進行一半的某日，在車上聽到桃園教會的牧師要蓋教會，需要募款，腦袋一熱就把身邊剩下的五十美金都奉獻了。身無分文的我事後發現，當下要煩惱的不是吃的問題，而是沒有錢去租翻譯機啊！接下來的日子豈不是鴨子聽雷？

那日走進會場，就發生了神蹟中的神蹟：第一筆從天而降的捐獻。因爲沒有翻譯機，沒有立刻入座聽講，而是找個稍微安靜的地方進行禱告。這禱告的內容究竟有多天眞？我祈求上帝賜予神蹟，讓我忽然能聽懂英文！

就在此時，手上忽然出現十塊錢！睜開眼睛左顧右盼，都找不到到底是誰塞這筆錢在我手裡面。這一筆錢的金額非常幽默，剛好在接下來幾天可以租翻譯機，但也沒有多餘的可拿去奉獻了。禱告祈求要聽懂英文，結果來的是錢。神告訴我，拿錢去租機器就好，英文還是要好好學。我一路笑著走去租翻譯機，深深被這樣神蹟所震撼。當時給我十塊錢的，究竟是大天使，還是不認識的路人甲？完全無從得知，總之就是這樣被神祕援助了。

以色列之旅出現的種種捐助，讓我體會到，世界上最大的神蹟就是愛！

願意無條件去愛一個不認識的人，願意無條件的付出不求回報，這是多麼大的力量？

在此後的這麼多年，都能讓我依賴著這樣的愛勇敢前行，並因此而幫助更多認識與不認識的人。

NOTE

誠實才能勇敢

13 上帝跟我想的不一樣

神和人其實是很親近的。

神和人之間是沒有限制的。

你以為是神所給予的限制，其實是神給予我們的關心。

——•——

如果你有虔誠的信仰，看了可能會很影響你的心情，建議你忍著點看或是跳過此篇。（笑）

一般人對神的印象，應該就是勸人爲善、舉頭三尺有神明、拿香參拜、祈求感謝這些事。

有虔誠宗教信仰的，大都是善良人，至少重視孝道，因爲都是承襲先人、長輩的教導，才會固定在特定的時間去做特定的事情，還遵守著各自不同但一樣很多的規矩。例如打坐念經、抄經迴向的儀式與心態，有參加不完的各種法會。

例如去宮廟拜拜時，有的還會講究女生經期不能參拜，或是出入廟宇要左進右出，先拜主神，再拜旁邊的神。連要拿多少支香、有事情要問或是要求祂，要擲筊再抽籤才能明白神的心意，如果許願靈驗的話就要還願，各種法會也是一堆。

至於基督教會，因爲講求神不住在廟宇，住人的心裡，所以比起祭拜，好像已經省了很多的規矩，但也還是有一堆規矩。

教徒依然要守每週主日、要參加小組、要讀經禱告、要奉獻金錢時間、參與各種福音活動，好用自己的虔誠有愛心，換神的開心與賞賜祝福。

一切都是人要回報神恩、聊表心意、修行度衆生，所以爲人們訂了許多的規範。

我們從小接觸各式各樣的規範。宗教規範也許能夠幫助我們的行爲，幫助我們建立一個有秩序的社會與普世價值。但是宗教沒辦法帶來心靈的眞正自由。當然也有很多人會體驗到宗教帶給他們平靜，但我覺得以我走過這麼多的宗教來講，其實不是宗教帶給我自由，是遇見神的領悟帶給我自由。

我在佛教也很心靈平靜，我在基督教也很喜樂，如果宗教能夠帶給人自由，那應該也是任何一個宗教都可以帶給人自由才對，那人又為什麼會換宗教呢？我覺得那些平靜與喜樂都只是暫時的感覺。

我不是要談論哪個宗教是好、是對的，在我來看，宗教都是一樣的。

來回在不同宗教信仰間，其實我覺得追尋的也就是內心的歸屬感，並不是因為哪個宗教比較正統，或是哪個宗教的神靈比較神恩浩大？不管在哪個宗教，那都是個人的選擇。

只要有幫助到你身心靈健康發展、家庭和樂、活得有貢獻、熱情，那就是好宗教。

只不過我也感覺到，信奉任何宗教都不會簡單省事。

因為我在宗教裡看見的是，在脆弱時容易會有些感動人心的體驗，自然會想要感恩回報，更認眞的去服務那個團體的人，像是佛、道教會服務道友（或稱師兄師姊），教會服務教友（或稱弟兄姊妹），邏輯一樣，就是在這個團體感覺到被關心，就關心這個團體；感覺到這個團體信的神有關心我，我就信這個神，這是從人性被滿足出發的，無可厚非。

我敬佩他們願意花費自己大量的時間、精神、金錢，爲他們信仰的宗教做出奉獻，但這中間卻有一部分人，卻因此而造成家庭失和。

一般都會說宗教就是「勸人爲善」，我覺得這個定義太狹隘了，如果只是要勸人爲善，那從小我們的課本不就都是在教導我們要善良、要有禮貌的隨口說請、謝謝、對不起嗎？如果勸人爲善，大家就都會去爲善的話，那這世界早就天下太平了。

勸人爲善不會錯，人們越認識、越親近神，就會自然爲善，而不會因爲「要讓神看到」或是「因爲神說要行善」才行善了。希望有一天，大家都會向內覺察、向上連結，最後向外擴散，而不是一開始就忙向外擴散。

我認識的神，祂是跟我很親近的，不是高高在上的，是可以哈拉打屁的，是很好聊天的；祂很幽默，沒有太多不近人情的限制。我還記得有一次我帶著《聖經》進廁所，我媽嚇壞了，直說廁所是污穢的地方，怎麼可以帶著《聖經》進去？我還跟她說，帶哪都可以耶！這就是我體驗到的神，是無條件的愛，祂無所不在，不可能我進廁所神就不在，所以沒有差。

一般人會覺得神管很多，我覺得這看你怎麼定義。

可以把它轉化成「祂關心我們很多」，就像我們愛一個人，就會在意他很多的事情一樣。這跟自己願不願意受教有關，如果你願意受教，就不會覺得那是轄制，而是叮嚀、提醒、鼓勵、勸勉，但如果你覺得祂是管很多，那大概就會滿辛苦的，要跟祂深交就會有難度。

一般人也可能會覺得神是交換條件的神，所以會去廟裡跟神許願還願。這其實也滿有趣的，為什麼人會覺得我許願了之後，只要做什麼事情就能夠還願呢？神如果是無條件的愛、這麼大方的神，又為什麼要還願呢？

這邊我也想跟大家分享我自己一路走來接觸過天主教、道教、佛教、一貫道、密宗、基督教的心得。

我第一次聽到拜拜許願的時候，就覺得很疑惑，「哇賽！神還需要我們還的哦？」；要幫被煙薰黑的神像洗澡的時候，我也很疑惑「神真的住在這裡面嗎？」；被交代要抄寫經文，抄幾遍就會怎麼樣的時候，我也很疑惑「為什麼抄幾遍就可以這樣？」；所有的教導我都會充滿疑惑。當然不止是對佛道教有疑惑，我對基督教也有疑惑。為什麼唱詩歌大家都要把手舉起來？牧師禱告為什麼就要倒下？還有很多時候的人云亦云，這些疑惑沒有答案，只是因爲大家都這麼做你就跟著照做，所以我真的很想邀請大家，先不要聽話照做，先想想看自己如果眞心要跟神作朋友，你會想怎麼做？搞不好你就會有自己的體驗。

我雖然表面很聽話照做，穩定聚會、讀經禱告、讀神學院服事，但心裡面對許多事都是一堆問號。所以我還記得有次考倒我的牧師，問了一個《聖經》的難題讓牧師徹夜難眠，隔天牧師很興奮的告訴我他想到了解法回答我，但我又再次提出疑問。我到現在還是很欣賞那位牧師，因爲他不會覺得我在冒犯他。

我覺得儀式是吵不完的，所以後來就直接略過儀式，比起儀式，我相信內裡的誠實更重要，我們跟人在一起都覺得誠意比較重要了，何況是神？所以我很討厭那些弄一堆儀式才能顯示在乎的想法，有點本末倒置了。

當然我也認同沒有行動的信心是死的，如果愛一個人卻都不付出，那當然不叫愛，但我也不認爲要搞一堆東西才叫作愛。儀式是一種讓人覺得在乎的表現，但神不是人，神沒有那麼小氣，神也沒有那麼容易受傷，祂不需要一堆儀式來顯示我們在乎祂，祂完全清楚明白我們所思所想。

我還記得以前教會說要穿戴得像是要見國王的樣子去教會，因爲祂是萬軍之王耶和華，又說祂是我們的父親，我就心想，如果祂是我們的父親，我會每次見我爸的時候都盛裝打扮嗎？好像不會耶！我覺得見外人才會這樣，這個說法讓人覺得神高高在上，我沒有很喜歡。但我還是要強調，如果有人可以每一次都做得到人家的規定，像這樣每一次都盛裝打扮出席的話，那我也會覺得很厲害，因爲我就是沒那麼喜歡遵守規定，除非那個規定對我很有幫助，除非我覺得每次盛裝打扮我也很開心，那我就會做。

信仰宗教會改變一個人的行爲，並不會眞正改變一個人的生命，尤其是在我當了神職人員之後的感受更是如此。

坦白說，我在各宗教裡，都滿有機緣接觸上位者的，不論是上師、法師、牧師，我都跟他們共事過一段日子。但無論這些人在什麼職位，終究都只是人類，還是會有曲解、不懂神旨意，而且，這樣的人，往往還反駁不得，一旦反駁他，就有可能被汙名化，甚至被「請出去」。

一個、兩個可能是特例，但看多了，就了然於胸，只求自身的心靈平靜，直到此生盡頭。

我現在也有許多的學生，但深刻體會自己就只是個來旅行也修行的人，頂多就是目前比我的學生多了那麼一些體驗，才能做一些傳遞分享。所以如果遇見有人敏銳度更強，體驗更多，我會非常開放地想要去瞭解，因爲那是我沒有經歷到的，而這也是我這兩年的調整。

先承認這個宇宙有太多我不懂的東西，先不要因爲跟我的信仰有牴觸，就死命拒絕它，接著開始保持開放的審視。

前陣子也開始回頭讀佛經，只是也許在這方面比較沒有慧根吧！對我來說雖然都是文言文，還是覺得《聖經》比佛經容易理解多了。我覺得能讀一些經典是好的，讀不懂也沒關係，我相信只要心中有神，多一點停、看、重新選擇，活得慢一點，活得詩情畫意一點，人生就會很好過，對人也會友善慷慨一點。

先不要講太多偉大的使命，人類的使命，第一個最基本的，就是好好活著。讓你的生活是你喜歡的生活，就會有意義、有價值，這也是我對神的認知被調整的地方。

我的靈異體質從小就被人家說是帶天命，接下來的不管是學習或體驗，自然就會讓我覺得有夠衰，畢竟又不是我想帶，又不是我自願的呀！啊是有問過我嗎？

要枯坐、抄佛經、打坐，根本都沒有得玩，只有偶爾落跑的時候，跟狗講話，跟樹講話，跟魚講話，這就是我的童年，這些都不是一般人小時候會有的經驗。我覺得這樣的經驗很特別，過這樣的童年也沒有不好。

小時候會覺得父母不在身邊很苦，長大之後重新定義這件事，覺得其實挺不賴，因爲父母不在身邊，我做任何事都不會被制止，這也證明了受苦的都不是環境，是心境，我們怎麼定義，就會產生怎樣的情緒，這也是我跟上帝比較熟悉了以後而有的認知。

我也曾經想認眞禱告；所謂的認眞禱告，就是比照教會牧師長老的引經據典路線。

如果你有去過教會認眞聽他們的禱告，就會發現他們的禱告講的好像都不是人類會用的語言，都是《聖經》的語言。我一開始也都是走這個路線，因爲覺得神大概比較喜歡這個樣子，用祂講過的話來禱告，表示看重祂講過的話以示敬重，而且是一種「這是祢講的哦！不是我自己講的哦！」的感覺。

有一天我眞的太低潮，低潮到已經不想用《聖經》的話禱告了，我就在地板上打滾，邊吶喊著「神啊！怎麼回事啊，我都已經做了所有我們基督徒應該做的事，爲什麼我的人生還是這個死樣子？我到底還漏做了什麼？少做了什麼？」我就非常清楚地聽到一句悠悠哉哉的回應，「我沒有要你做啊！」

還記得第一次去教會讀經時，我跟神說「請祢向我證明祢的存在」，翻開《聖經》時映入眼簾的是〈詩篇〉的章節，意思是「你父母雖離棄了，但我耶和華就收留你」，我眼淚就直接掉下來——我心裡就很確定這一定是神，不然祂怎麼會知道我父母離棄了我？那個震撼是一樣的。於是我就馬上起身，心想：「既然這都不是你要我做的，那我到底在幹嘛？」從那時候開始，我就決定要好好的認識神、跟神聊天，不再藉由牧師的口裡、資深基督徒的口裡認識神，也不再只是藉由《聖經》認識神，然而，這不是說《聖經》就不重要了，而是我不再被它所侷限。

現在的我能夠維持穩定、常態的自由及心靈平靜，只是因爲我相信有神，已經無關乎祂到底是菩薩或是耶穌，總之就是有一個比我們更高的存在。祂愛我們，所以祂留下很多的影響力。有人把它當成是佛經，有人把它當成是《聖經》、《可蘭經》。祂也給人類自由意志，弄出了這麼多的經典。如果神有這麼大的允許，讓這些經典都存在，那爲什麼我們人要這麼分裂？這是我的疑惑，但我也不期望誰會給答案，因爲如果有答案，早就世界太平了。

事實上，宗教跟政治一樣，是一個大家都會想捍衛的地盤，所以我也都不想碰。

從前我也是認眞效法、利益衆生，也當過神職人員，可以理解宗教信仰的影響力，但後來因爲個人的體驗和領悟，所以不再想效法或屬於任何宗教。

總歸來說，我對神的體驗，一切還是要看動機。如果信仰是爲了要讓自己更好，讓身邊的人更好，那就沒啥大問題。

一開始我是對基督教的神比較擁護的，畢竟我經歷過道教、佛教，最後在基督教感覺許願成功，所以覺得基督教比較眞、最厲害。也因爲在其他的廟沒有看到美麗的天使異象，但在基督教的教會有，因此在我那時候的認知裡，只有基督教是眞的。

但後來做了催眠工作之後，我也可以看到菩薩，如果要以基督教的語言來說，這個叫作魔鬼的光明化身。但又說回來，魔鬼的光明化身會叫人家要做善事，我想那也是滿特別的吧？我也不想跟基督教起爭執，我只說我經歷的。如果這位菩薩託個案來，我因此能幫助個案跟自己和好，那我覺得這位菩薩做得也不錯呀！

現在的我保持著「我不理解祢，但是我尊重祢，我也謝謝祢帶這個個案來」這樣基本的尊重。畢竟菩薩也有祂的信衆，這些信衆願意擁護祂，一定也是有他們的體驗在的。而體驗這個東西是無法反駁的，你可以因爲人家邏輯不好而說贏他，但他的體驗你是無法撼動的，不需要去嘗試做一些撼動別人體驗的事。

神是活潑、很幽默、很好親近的神，當然祂會有一些提醒，但這些提醒也都是愛。

神也很容易開玩笑，安慰人的方式也很特別，每次當我難過時，祂安慰我的方式都很神來一筆，講一句跟事情完全沒有關係的話，就會打斷我原本陷入悲傷的情緒。像是我曾憂鬱症，那時候的我，一天到晚都想死，又責備自己怎麼可以想死？自我對話到快崩潰了。

神突然說：想死跟想減肥都是一樣的。

啥？想死跟想減肥怎麼會是一樣的？

後來才明白神的幽默，我成天喊想死跟喊減肥都是不滿意自己而已，有啥好責備？就轉念，欣賞自己啊！

這故事我告訴過我的學生，她一聽就解開心結，說後來就不再責備自己，好奇妙的也不再想死了耶！

眞是神安慰最有效！

還有一次是我終於領養了一隻好喜愛的白色流浪貓，對她愛不釋手卻大過敏的去急診，隔天家人送貓回去貓中途。

我跟家人哭泣到一個驚天動地，爲什麼我不能有貓？她是我的！我的！身邊沒有人懂我爲什麼這麼悲傷固執地要養她？都安慰我沒有緣分。

我也試圖安慰自己就是體質問題，不是遺棄她是我們沒有緣分。

但這些安慰一點用都沒有。

說也奇怪，平常我對物質或名利人情是沒啥欲望，說實在我也不懂我哪來這麼多的悲傷？

我就跟神哭泣，神又悠悠哉哉說：你從小到大的哭聲都沒變乀。

又來了！這句話讓我呆立在冰箱前（哭多會口渴肚子餓，找點補給品才能繼續哭）好一陣子，我默想了一下……

突然，我懂了。

這悲傷是來自於童年的傷，住在寄養家庭時，沒有一樣物品是我自己的。除了都是別人家短期提供不能帶走的，自己偷偷存錢或是用獎學金買的東西也常被寄養家庭的兄姊搶走、借走不還、偷走……對於不能保護自己辛苦得到或是心愛的物品，我有深深的憤怒悲傷，好想吶喊「這是我的」，但當時壓抑下來了。

神用這件事情在療癒我。

當我懂了神的巧妙安排都是愛以後，那隻貓又回來我身邊了！

這次不只感謝神，也感謝家人們，一起找出我的過敏原不是貓咪本人，是貓砂，換了貓砂就好了！

現在每天看見白貓，就會對她也對神會心一笑。

還有一點，我覺得神是一個旁觀者，祂不會入戲太深。不會跳下來跟你說：「我都教你這麼多了，你怎麼可以這樣？」「我早就跟你說了，你怎麼還這樣？」神不是那種會說風涼話、放馬後砲的神。

在我自己的經歷裡面，神不會出爾反爾，甚至，還可以和神吵架。

我不知道在其他宗教裡可不可以跟神吵架？但在我的經歷裡，神沒這麼小氣，我就曾經罵過祂，「祢這樣好意思當神嗎？這種事情祢都搞不定，祢不就是要專門做我們搞不定的事情所以才叫神嗎？」諸如此類的話。

祂的反應就是笑，還嘉許我終於誠實了。

人的情緒是會隨著觀點轉換就不一樣的，所以跟神保持親近的關係，我覺得要很誠實面對自己的情緒感受跟動機想法，不是合理化敷衍過去，隨便安慰自己或是給別人決定。

我第一次發現腦瘤時，心中只有滿滿的傻眼、尷尬笑，想著神眞是不知道要我學習什麼？

那是一種「我不爽，但是因爲祢是神，所以不好跟祢不爽，而且跟祢不爽也沒什麼好處，我就先當個乖孩子，看看這件事情要怎麼處理」的情緒，但隱藏在這情緒背後的則是「氣死我了！我都做到這麼多事情了，還要讓我得腦瘤？這公平嗎？」

但我沒讓這負面的情緒主宰我，我仍然在壞事裡找好消息——至少還能動、至少是癱左邊、至少還能講話……所以確實，我住院時是可以喜樂地住，還能夠感染別人。那時候雖然是覺得感恩，但不是打從心裡的感恩，比較是「神規定這樣那就這樣，就感恩」的感覺。

那時候覺得感恩還眞行得通呢，因爲病情有控制住，超有效的（但我不是說以後就不要感恩，感恩是會讓心情好，提升振動頻率的）。

後來有一次又送醫急救，結果醫院安排電腦斷層檢查居然顯示我有兩顆腦瘤，我當下傻眼，「怎麼會是兩顆？」突然覺得，怎麼信了這個神，不僅讀個神學院累得半死，還先後搞掉我的感情跟工作，就連生活，也過得辛苦，沒有送錢給我也就算了，竟然還「送」兩顆腦瘤，這神是睡著了嗎？信這個神怎麼一點好事也沒有？

我直接大爆炸，大概把我腦袋裡所有可以抱怨的都抱怨完好幾輪了，直到筋疲力盡的睡著，睡前，還嘟囔著：「祢眞的爛死了！我不要跟祢好了，從今以後不信祢、也不去教會了，祢給我記住！」兩顆腦瘤，愛醫不醫隨便祢！

結果隔天醒來突然心情好好，也不知道在好什麼？就只是突然覺得不用跟神絕交了，反正都已經罵了，吵完架總是要和好的，現在心情很好，就來和好吧！都認識這麼久了，還是和好好了。我就在核磁共振時禱告感謝神，兩顆就兩顆吧！反正最瞭解我的就是祢了。

後來醫院又幫我安排了一次核磁共振檢查，本來的目的是要更精準地再次確認位置和大小，沒想到，檢查出來的結果是只有一顆，至於爲什麼會和之前的檢查結果不同，醫院倒也沒特別解釋什麼，不過，我也沒太在意就是了。（我甚少會有不知道怎麼發生的過程，因爲通常神會來跟我對話，或是我在家讀《聖經》手上會有金粉也會感動得流眼淚，但那次我眞的不知道發生了什麼事。）

故事聽到這裡，你可能會想：「如果眞的是神把腫瘤拿走的，祂幹嘛不一次把兩顆都拿走？」若眞的是神的醫治，祂只拿走了一顆，可能是因爲我還是沒有從腦瘤的事情裡面學到照顧自己的身體吧！這件事我也問不到答案。倘若是醫院的誤判呢？即使是這樣，我也很感謝神，因爲一次烏龍的誤判我才能夠跟神發脾氣，從此以後我和神之間就是「直來直往」了。

雖然我覺得我跟神是好朋友，但也不是我什麼都問得到。

祂大概有八成的時間都不會回答我，但是回答的那兩成就已經很多了。

我覺得祂不回答的意思，比較是「你自己定義，你自己經歷」，或是「你可以搞定」，因爲我滿多時候都瞎問的，瞎問到我自己都覺得祂應該會想回我「干我屁事」吧！（更正，神應該不會說干我屁事，那應該是我自己的投射，因爲我本人脾氣不好。）

我們都是根據我們的投射，還有我們對於過往的權威體驗，來決定我們覺得神是怎樣的性格，這對神很不公平喔！歡迎你重新認識祂。應該不會有人想問我說，去哪裡認識神吧？祂，就在你心底，在你日常生活裡。

還有一件事，很多人會請我禱告／問上面的，他要作什麼選擇才是神給他的路？神知道每個人的內心。

有時候禱告是尋求神的心意，有時候禱告是不敢承擔冒險，那是不選擇不負責的態度唷！

不管選什麼都會有困難，但不管選什麼上帝也都同在，都是祝福。

按著想要創造的取捨，有捨就有得。

捨掉的不一定就是失去的，因爲會在他處再見。

得到的未必是永存，因爲按著信心擴展，機緣便有所不同。

何需迷惘如何選擇取捨呢？

NOTE

14 心痛的摩天輪

情緒可以控制，感情可以創造，
即使是心痛，我們也可以從心痛中得到益處。

遊樂園裡的摩天輪對許多人來說，是個浪漫美麗的象徵。我特別喜歡遊樂園，我想應該沒有哪個孩子會不喜歡遊樂園的，但我卻從沒搭過摩天輪，因爲國二被綁架時，被壓制在陽台差點摔下去的感覺，留下了我對高處恐懼的後遺症。

一直到某天我偶然發現了前夫寫下的日記。

會發現他的日記，其實是一個很神奇的過程。他平時是個筆電不離身，帶著筆電走來走去的人，那天不知道爲什麼，居然把筆電忘在家中；而我平常就對3C產品一竅不通，對他的東西也不可能去使用，但那天就是有個聲音告訴我，要我「去開他的電腦」。

於是乎，我帶著滿滿的疑惑打開了他的電腦。按著心裡的聲音，打開了電腦的資源回收筒看，裡面有一個奇怪的檔案夾，名稱就只有一個「K」而已。我點進去看，才知道，原來這是他記錄自己愛上一個人的感情紀錄，洋洋灑灑的八十幾頁。我這才知道他是個多麼浪漫的人。只是這個「K」不是我，是我不認識的女人。

在日記裡，他記錄到他從華江橋騎車回家的路上，那個女人打電話給他，問說可不可以陪她去買東西？於是他就折返回去陪她買東西。後來回想也就是從那時候開始，他就會常唬弄我說要加班、有應酬，而失約於我跟孩子。原來當他去跟「K」約會時，不知情的我在家照顧孩子。

有一次兒子受傷，頭破血流，我嚇得眼淚狂流，急忙將他送往急診室，很緊張地打電話給他，他只問了一句：「還有意識吧？」我說有，他就回我：「那就不用擔心啦！」接著說他要繼續打牌，然後掛了我的電話，毫無音訊。

整個下午，我強忍難受的心情，聽著詩歌，細細安撫照顧縫了四針的兒子，一直到很晚的時候，他終於醉醺醺回來了，像是爲了要補償我們一樣地說要帶我們去逛夜市。

天啊！才急診回來，不讓兒子在家好好休養，說要帶我們去逛夜市，簡直瞎透了！因爲他喝得醉醺醺，我還得騎著摩托車載他，不敢發怒甚至不敢抱怨的我，在旁勉強陪笑，覺得自己好窩囊。我的人生為什麼被我走到這個地步?!

我一頁一頁地看著這些紀錄，滑鼠越往下滑，心也越往下沉，一邊對照著他說了哪些謊、騙了我些什麼事。他鉅細靡遺地寫下他跟「K」的種種故事，像是過年的時候，他說要去打牌，其實是去跟她約會。記錄第一次見面的地方、信義區約會、去碧潭看《赤壁之戰》、在五股的汽車旅館發生關係、他們對彼此的誓言等等，各種約會的甜蜜細節。

就在我看著這八十幾頁的紀錄，心痛不已、不可置信時，他打電話回來了。他說把電腦忘在家裡，請我把電腦帶去他的公司，可能是當時我故作鎮定又不自然的聲音，被他察覺了異樣，他衝回家來，發現我看了他的電腦，氣得摔東西、踹桌子，連桌腳都被踹斷，還大聲怒罵我。

這些舉動喚起我在寄養家庭時被家暴過的創傷記憶，一瞬間我腦袋當機，無法做任何反應，一直到他氣完、走掉了，用力地把門「碰！」的一聲甩上，我才清醒過來，像是被嚇壞的孩子，崩潰大哭。

不知道哭了多久，直到全身癱軟，躺在地上動也不能動。

腦海不斷回想著那一頁又一頁的紀錄，我感到滿滿的震驚，特別是日記的第二十七頁，寫著他與「K」在美麗華摩天輪上接吻，陰影揮之不去。當時我每週都會去內湖帶領聚會，每次搭捷運，都會遠遠就看到那個摩天輪。每經過一次，我就心痛一次，想到他與「K」的交往日記，不禁悲從中來。天啊，他在那裡跟人家接吻的時候，我在家裡忙得要死，家事要做、神學院功課要寫、教會服事要做；他投資失利的時候，我還要想辦法拿錢給他。原來，在我忙得焦頭爛額的時候，他居然在跟別人約會！我覺得自己被背叛，非常難受。

第一次看到摩天輪，覺得想哭；第二次看到摩天輪，還是覺得想哭，一直到第三次，我覺得不行！我不要每見一次就哭一次，我要創造一個新的事件，讓摩天輪不只有一個「被背叛」的意義。

於是我就邀朋友陪我一起去搭摩天輪。

這樣子摩天輪對我來說就會有兩個意義：一個是被背叛，另一個是朋友陪伴。我沒有對任何人說我看了他的日記、我的心痛以及我為什麼要搭摩天輪；不說的原因是因為我知道我的朋友會抱不平。但對當時的我來說，我想要的不是安慰、不是發洩，我不想一直沉溺在自己的心痛中，我想好好面對自己的心痛、省察自己的動機，以及決定未來的方向，因爲這是我的人生，是我自己選的。

當時的我已經明白，基於動機與目的，每個人會選擇用各種方式將想法與感受表達出來。情緒是可以控制的，感覺是可以創造的，即便是看著日記的過程中覺得很心痛、很錯愕、很受傷，但我知道，既然神要讓我發現這件事情，我一定可以在這件事情上面得到益處。

所以我一邊心痛，一邊思索著上帝希望我在這件事情上面學到什麼？怎麼樣的反應才是合神心意的反應？

幸好我的人生有內建堅定的信念，才可以一次又一次在困難的時候沒有打開窗戶往下跳。

藉由他的背叛，我開始看見他在兩個人的關係中並沒有得到滿足；看見自己對他的虧欠。

因爲我花了很多時間在工作上，又因爲去唸了神學院的關係，我又花了很多時間在教會的弟兄姊妹及課業上；還有他賠錢時，我就「應該」拿錢給他，以及我忙碌的時候，他也「應該」要幫我分擔這些責任——因爲這些「理所當然」，導致了關係的破裂。

不過，當我站在摩天輪底下時，才突然想到自己從小就有懼高症。但做人要講義氣、講信用，於是我就硬著頭皮上了摩天輪。隨著摩天輪不斷攀升，心中的恐懼開始浮現時，我告訴自己：「不用怕，這裡很安全，有朋友陪著。焦點不要放在自己的恐懼，可以放在朋友的身上，他們都來陪我了。」當我這樣告訴自己的時候，我發現，突然變得不可怕了。

瞬間我才體會到——原來恐懼是自己想像出來的。

美麗華的摩天輪並不高，很快的一圈就下來了。在那一圈裡面，我創造了新的體驗，我學到焦點放在感謝別人，就不會內耗、就能前進，發現恐懼其實是自己想像出來的；當摩天輪轉到最高點時，會覺得眼前的東西都變小了，煩惱也跟著就變小了。原來只要位置夠高，煩惱就會變小。這是我在摩天輪上時的第二個收穫。

此後，我就喜歡摩天輪了，因爲摩天輪對我來說，有了新的意義。現在還會特地去麗寶樂園，搭更大、更高、台灣最大的摩天輪，搭乘一次要二十五分鐘。連我現在的手機背板也是摩天輪，它提醒著我：我可以把痛苦的事件轉化成爲生命的養分。當我的格局高，人生煩惱自然就顯得小；當我願意看見自己的內心、自己的責任，我就能離開受害者心態，看見人生新的可能性。

現在我回想起過去的那一段感情，在我智慧不夠的時候，活在被背叛的痛苦裡，也活在懷疑自我價值、經常責備自己的罪疚感裡。但我現在認爲：沒有誰對不起，愛不是一種感覺，愛是一種能量、一個約定、一種學習。

我們能量不同、頻率不同，我們的世界也越來越不同，我們最終目標也不同。

撕掉被遺棄、背叛的標籤，給對方自由，把對方當成彼此陪伴人生一段路的同伴、學伴，來學習愛與被愛，我的心就自由了。我可以誠心的感謝他，在當年我們都是眞心愛過，也誠心的祝福他可以平安美滿。

人生有很多的痛苦都是自己定義的。就像我一直以爲以爲父親給我BBcall的代號「3388」是在說我的個性3388，多年後做靈魂對話時，才赫然明白那是我的名字珊珊跟爸爸的代號。曾經以爲的責備居然是父親對孩子的掛念、愛的代號！

會不會在你的生命中，有一些因爲誤會、因爲害怕被拒絕／不被愛而遠離的人呢？或許你在等待一個機緣，也或許他在等你聯絡，如果可以，如果還在乎，如果還想念，那麼就鍛鍊，鍛鍊用感謝圓滿一切。

人生最重要的兩個日子，一個是誕生，我的誕生對世人就是美好的祝福。

另一個是重生。

引用一下，在《聖經》裡，耶穌說：「讓小孩子到我這裡來，不要禁止他們，因爲神的國正是這等人的。我實在告訴你們，凡不像小孩子一樣接受神國的，絕不能進去。」耶穌又說：「人若不重生，就不能見神的國。」

每個人都有第一次的出生，但不一定有第二次的重生。

重生像回到孩子般的天眞純粹，對於一切都是新奇有趣、樂意探索、更加敏感深刻。

雖然敏感深刻意味著快樂加大，痛苦也加大了。但孩子不會想像痛苦是無止境的，孩子對未來是有美好的想像與期待的！

現今許多人爲了避免痛苦，讓快樂也進不來了，因爲痛苦與快樂猶如光與陰影的連結一樣，無法分割。

快樂、痛苦，連結的是覺知，避免痛苦只是關掉覺知，久了也無法感覺快樂。陰影與光，連結的是生命的全面完整，我們抗拒否認自己的陰影，就會僞裝到慢慢忘記眞實的自己，活得小心翼翼或內傷憋屈。

我經常遇見很多只有身分、角色卻「沒有自己」的個案，他的世界滿足了別人的標準、期待與要求、評斷，當然也有自己的標準、期待與要求、評斷，即使擁有許多但卻活得匱乏，對金錢或對愛人與被愛充滿不安全感。

當一個人長久都活在「應該」的陰影下面，想著別人會怎麼想、其他人會怎麼說，很容易把自己的人生，活成別人喜歡的形狀，然後逐漸的忘記自己的渴望、忘記自己的想要、忘記自己的喜歡，最後，可能連自己也忘記了。

人的痛苦多半是活在無法負責、無法選擇的無奈無望裡面，直到願意為自己負責、願意重做選擇。（即便維持一樣的選擇，有不同的心態也是很好的開始。）

如果願意讓自己在每一個快樂與痛苦，探索並深刻經驗生命，並像孩子一樣，對未來有美好的想像與期待，就能由自己定義自己的旅行。

這是你的靈魂鍛鍊、你的療癒旅行。

不是別人的，不要別人為你安排，是你的，你選擇的。

你的生活，是你的心創造的。

願你遇見光、接納陰影，願你重生。

願你不追求完美，追求眞實完整。
願你活得良善勇敢、豐盛自在。
願你能療癒自己、看見自己有扶持他人的可能。

NOTE

15 聽身體在說話

在心痛、痛苦、生病時，
我們常以為自己是一個人，
一個人在承受一切，
其實不是，
因為神在，神始終都在。

●

我算是個閒不下來的人，沒事就會找事做。

從小我就要照顧弟弟，也早早就有賺錢的經驗，之前說過我小學在學校賣戳戳樂的故事。我覺得自己要做、也能做很多的事情，不管發生什麼問題，就是要想辦法解決。之所以會這麼獨立堅強，有很大的原因是感恩奶奶，有奶奶這個庇護就有個遮風避雨處。

奶奶離世後，我失去了心中唯一的依靠。或許每個沒有依靠的人都是這麼獨立堅強，所以，我希望沒有依靠的人都要能看見自己的勇敢；因爲除了堅強，我們別無選擇，一味的抱怨與埋怨，是沒有意義的。我們可以、也必須爲了某個原因，或爲了某個珍貴的人而「選擇堅強」。

會這樣說是因爲我爲家人跑腿買東西，經常聽見店裡、攤販裡的大人們抱怨命運不公平、運氣不好、誰誰誰怎樣又怎樣。揹著嬰孩擺麵攤的煮麵阿姨，她可以煮麵又照護好孩子，我覺得她很厲害，對客人又溫暖；但連這麼棒的阿姨她也會說：「沒辦法啊！嫁進來了，沒人要做啊，只能自己努力做啊，不然怎麼辦？」接著說我也很乖、很可憐。

我不太喜歡被同情的眼神、語氣對待，好像在說奶奶沒照顧好我。但我覺得奶奶很偉大，她會種田種菜、煮飯賣菜，我希望大家看見的是她的偉大，而不是認爲沒有父母在身邊的我很可憐。

我希望那個煮麵阿姨可以覺得自己很偉大勇敢，她像我奶奶一樣，撐起一家人、成爲家人的力量。或許是因爲感恩奶奶的付出，理所當然想分擔她的辛勞，而沒有無奈的抱怨；也或許是不希望被同情可憐的倔強，讓我除了偷偷思念父母，在深夜淚水流滿枕頭以外，在外頭我向來表現出大方聰明、從不示弱討拍。

學會假裝不在乎。

假裝不在乎父母不在身邊、假裝不在乎別人的批評議論、假裝不在乎很多事情，這點曾經讓我表現得很堅強，很久之後才明白我的假裝不在乎不是堅強勇敢，是還沒能力面對痛苦時的逃避與自我保護。

隨著奶奶過世，我跟弟弟一起住進寄養家庭後，我便開始爲了錢的事煩惱。因爲一個禮拜只有兩百塊的餐費，一天只能用三十塊，我正值國中一年級的發育時期，每天都覺得吃不飽，常常肚子餓。讓我印象深刻的是我常餓到頭昏、胃痛，尤其是朝會時，天一旦變得炎熱，我便常站立不住，幾乎暈倒。也是後來借我房租的理化老師，帶我去省桃做檢查，才知道我有胃潰瘍，但那個時候還沒有健保能用，看病很貴，我更是很省著看醫生。

成年後生病也都還是會去上班，經常去醫院打了止痛針、吊了點滴之後還是繼續上班，我當時是非常虐待自己的身體的。爲什麼呢？因爲我有個很強烈的信念是，「我不要造成別人的困擾」，我讓自己活在「應該」裡，覺得我應該要爲人著想、我應該要搞定自己、我應該不要造成別人的困擾，我應該要認眞負責、我應該努力積極、我應該正面向上，總是把別人的事情放在自己的前面。所以即便是已經覺得很不舒服了，但認爲工作就是應該要做完，所以我一定會忍耐到事情結束了之後才去看醫生，非常的不照顧自己的身體。

那些年我眞是深受病痛之苦，除了各種器官都痛過一輪，還有心臟血液的慢性疾病。心痛還可以做點事情讓自己轉移注意力、可以控制自己的感覺，但是身體的痛沒有辦法忽視，只能靠意志力撐著。疾病雖使人痛楚難耐，但卻也是在這種時刻，深刻體驗到神，原來神眞的是在患難時，親自陪伴人的神。

記得有一次是教會舉行夜間特別聚會，有外國講員來，因此動員了許多人。結束時已經很晚了，講員跟牧師也走了。我在整理場地時，覺得背非常痛，但我以爲是因爲太累的肌肉痠痛，隔天下午還先去按摩。可是痛的情況一直到晚上還是完全沒有改善，痛到我覺得全身在發冷了，才去掛急診；萬萬沒想到竟然是膽囊發炎，當場被醫生通知需要立刻住院，隔天開刀切除膽囊。

我印象最深刻是當時住在雙人房，隔壁床的病人是個胖胖的女生，也不是長得特別好看，但她的先生很疼她，餵她吃葡萄，一直問她需要什麼？看她先生無微不至的照顧，讓我很好奇她到底生了什麼重病？

因爲在我觀念裡，每個成年人都應該要想辦法照顧自己，會被這樣照顧應該是生了什麼嚴重的病吧！結果不是，雖然我現在想不起來究竟是什麼病，但很確定的是，絕對不是什麼大病，頂多是類似割個盲腸之類的。

看著人家先生無微不至的照顧，對比那時候我的先生外遇的狀態，我覺得自己眞是好慘啊！偏偏隔壁床的女生也很白目，還問我「怎麼沒有人陪？」「有結婚嗎？」「那你老公咧？」「爸媽、公婆也沒有來看你嗎？」……諸如此類的問題，就像一顆顆霰彈一樣，打進我身體裡，然後痛在我心裡散開，我很想告訴她，「住院的時候就好好住院不行嗎？幹嘛這麼雞婆關心隔壁床的人，不要窺探別人的隱私好嗎!?」

但那時候的自己還活在形象議題裡，覺得自己是一個善良的基督徒，被「善良溫柔隨時要傳福音的基督徒」框起來，我隨時都要有個美好的形象。所以我只能強迫自己帶著笑，就是那種顏面神經幾乎失調的微笑說：「謝謝關心。大家很忙，我習慣自己來。你好幸福、祝福你健康。」直到我覺得她太吵了才問她：「你去過教會嗎？聽過耶穌、看過《聖經》嗎？」這種很容易被誤以爲是要「傳教」的話一說，她才安靜下來。

那時候我覺得，躲在棉被裡哭距離隔壁床太近了，怕被發現覺得很糗，就跑去比較遠的廁所哭。那時候有受害心態，覺得自己平時都這麼關心弟兄姊妹，但我現在這麼痛苦地開刀，我還是一個人啊！我幹嘛忙成這樣，我到底得到了什麼？自己愛別人這麼多，但當自己需要的時候別人也沒辦法在旁邊陪，再對比隔壁床的白目太太，一直像是炫耀自己的老公多愛她，覺得更加孤單。

流完眼淚才發現，奇怪我的兩隻手怎麼都是肉眼可見的金粉，我既驚訝又感動。當時是我第一次體驗到，覺得自己這麼慘、這麼孤單，但神還是愛我，我其實不是獨自一人的。

我以爲我是獨自一人的，我以爲只有我自己在廁所哭，但其實不是，神眞的與我同在。

我那時還不懂，爲了生存而長期看人臉色的我，無形之中累積了很多的壓力，加上要表現出成熟懂事的樣子而壓抑自己，所以壓力就儲存在身體的每個器官。我不懂身體向我們說話、抗議我們使用它們的方式就是疾病與疼痛。

直到我之後生了更嚴重的病，我跟自己相處的方式才開始有所調整，這一點後面的故事會說到。

現在回過頭看，當時眞的很不愛自己，總覺得別人的事比自己的事還重要。看起來好像幫到了很多人，可是自己很苦。

我沒有想過一個不喜歡自己的人，要怎麼樣幫助別人喜歡自己呢？一個連自己都不疼愛的人，要如何協助別人體會神的愛呢？

我沒有意識到人們不是從你的言語認識信任你，是從長期的行爲認識信任你。

我把自己過得那麼「犧牲奉獻」，怎麼能讓人從我身上想去認識神、欣賞自己、覺得活著眞好?!

我猜想很多人虐待自己的身體，也是活在自己的「應該」吧？才會有熬夜加班啦、該吃飯的時候覺得等下再吃、該喝水時覺得等一下再喝；這些把「應該的責任」放在「自己的感覺」前面。如果我身邊有人爲誰爆肝、爲誰而鞠躬盡瘁的話，我會覺得他不知道他有多珍貴，而感到很心疼。

關於「不要麻煩別人」這個信念要檢查一下動機。

當我不想造成別人的困擾，但又去醫院打點滴、打止痛針讓身邊的人知情後，他們的擔心，對他們就是一種困擾啊！我想重點不是不要造成別人的困擾，而是要成爲別人的祝福，接受對方給出的愛，也是體貼對方的心意，比婉拒來說更美！因爲不是突顯自己的獨立，而是突顯對方的善意，同時會滿足對方想給出愛，往後溝通會比較直接有效，在關係經營上又能製造感動時刻，讓關係更加能長久有意義。

因爲要成爲別人的祝福，我們要愛惜自己、照顧自己的情緒與身體。情緒不壓抑，身體也不再用疼痛疾病來對我們說該吃飯喝水、該休息運動、該玩耍囉！

讓我們跟身體、自己、身邊的人說：「對不起、請原諒我、謝謝你、我愛你。」

對不起，經常疏忽你、沒珍惜你，請原諒我。

謝謝你一直陪我在這人間旅行、修行，我愛你。

這件事情我告訴了很多身邊的人（我的學生們），很多人因此不藥而癒，我在說的不是不要看醫生，而是要知道你的神藉由環境對你說話，我們都希望你好好的愛惜自己。

NOTE

16 我從腦瘤學到的事

影響我最多的一句話應該就是，「一切的發生都是最好的」。

而我也是從這句話培養了謝恩的習慣。凡事謝恩，不只是為了好事感謝，在壞事裡面也找好消息去感謝，練習凡事感謝、練習向人表達感謝！

我發現這對我的人生很有幫助，因爲在過往經歷裡，有太多的事件讓我充滿各式負面情緒，但只要我願意在這些壞事件裡找到好消息去感恩，就不會沉溺於我的負面情緒而動彈不得，反而可以有更深的覺察、更開闊的心胸；去看見這不過只是一個事件，而這個事件可以經由我的選擇，變成一個鍛鍊我增長智慧的機緣。

若否，基於神聖計畫、因果平衡，就會重複發生類似的事情，直到我學好功課完成了我的靈魂目標。所以我非常感謝宇宙愛我，很有耐心的不放棄在我生命裡放下種種事件讓我學習成長。

至於教我最多、體會最深的，我想應該就是自我價值了。存在就是價値，我的所是就是價値，而非我的所爲。

一開始，我發現手腳有時候會突然像觸電般的刺痛，但又因爲不是持續長時間的痛，就輕忽了。一個不在乎自己的人，就會找藉口告訴自己這沒什麼、可能只是太累等等，爲身體的症狀找各種理由，於是就輕忽了身體說話。一直到次數越來越頻繁，加上曾在更衣室暈倒送醫，讓我越來越覺得奇怪，懷疑是不是身體眞的出了狀況，才去做了檢查。但去醫學中心檢查不出個所以然，上次急救完也沒說什麼，於是我又擱置一旁。我還是習慣工作比自己的感覺優先。後來是左手左腳會突然沒力氣而失去平衡的摔倒、走路有時也會控制不了的歪斜，像是螃蟹走路一樣，我才認眞禱告上帝，讓我知道去哪求醫。

記得那時神經內科的醫生拿牙籤刮我，我沒有感覺，心想怎麼會這樣？後來他還拿了個小槌子敲我的膝蓋，我狐疑看他一眼：我知道這是測試膝反射，但我居然沒有膝反射！這下心中警鈴大作！我怎麼會這樣？這下發生什麼大事？心中各種疑惑不安的小劇場在上演。

醫生馬上安排我住院，當晚就做核磁共振。醫生的判斷是重症肌無力或是多發性硬化症；我不知道那是什麼，上網去查，發現的確與症狀是一致的，這才驚覺，好像很麻煩欸！

之後陸續做了各種檢查治療，印象最深的是抽脊髓液。醫生拿了一堆工具，最嚇人的是一根長針，說要做腰椎穿刺。我看了長針一眼說：好像要把我做成串燒？醫生也笑咪咪的說，那就要演好蝦子；要我膝蓋頂到胸部，盡量像蝦子一樣，比較好抽。

刺入時還真有股麻痛讓我哀嚎了一聲，他緊張問我是不是很痛？我說，不是呀，小腹太大了沒辦法頂到胸部，他就大笑說：認真點！我們要抽八管哦！我又說：也太多了吧？我捨不得欸！盡是瞎扯淡。

爲了轉移我對長針的恐懼，我開始關心他當醫生的心情，他也說看我都沒有家人來，還能說說笑笑，不覺得害怕或孤單嗎？問我怎麼有辦法做到？我就說，神都有陪我啊！順便給他看我的手，他認眞觀看我手中的金粉，說著到底是鹽的結晶體還是神跡？那個畫面也挺有趣的。後來反而是醫生、護理師跟我聊心事，說工作壓力大，跟我講話可以放鬆，我覺得也不錯！住院交朋友，好像也可以啦！

後來才知道，原來我長了腦瘤。它教我最多的是「臣服」。

因爲腦瘤是不定時的發作，我努力試圖想要控制它，但它總在我沒有準備的狀況下發作，類似癲癇，手腳無法控制；那眞的超糗的！後來會想說，是不是自己太累腦部才會容易放電，就會讓自己不要太累。但忙習慣的人，好難休息啊！住院住到天荒地老，旁邊的患者都換了好幾個，我實在是太無聊、太悶了，就請人家送樂器來病房裡彈琴了！

當時我並沒有學到「安息、臣服」的功課，只有體驗到身體不方便時眞的很慘，當時還會偶爾眼前一片黑，我好擔心是不是壓迫到視神經；所以那時聽詩歌都超有感，覺得超安慰的。其實當時的體力奇差無比，搭捷運看到要走樓梯就想哭，因爲要走好久好久。拿東西也是，就看到手一直抖。

從前我有個「好基督徒」的心結，很多感覺都壓在心裡沒有說出口，說出口的都是感謝。當時有個老弟兄很佩服我，說認識我這麼久，看我病痛這麼多年都沒有抱怨過；唉！誤會了，怎麼會沒有抱怨呢？沒有講而已。選擇不跟人抱怨，不只是因爲「好基督徒」的形象，更是我覺得神很愛我。我跟祂抱怨，是我跟祂有交情，但我並不希望別人討厭神。

後來因爲打官司，當時待的教會不支持我打婚姻官司，那時我放下了「好基督徒」的樣子；別人覺得我是不是好基督徒已經不重要了，我知道我是誰、我喜歡跟自己相處，即便我心中有再多的惡念，我肯定神還是愛我、等我願意放下惡念行善。於是放下了「假裝」這條路，誠實以後反而也變得比較勇敢、比較自在。

舉例來說，當我在訴訟期間遭受抹黑誣陷，選擇不再忍讓逃避而開始站穩立場時，我保持動機良善，不說對方的壞話，說的都是事實，而且是用很溫和的態度說話，沒有要反擊也沒有貶低，甚至還感謝對方。因爲我一直觀想神在旁邊，祂會陪伴我、主持公道，所以我不需要一直講我多麼的委屈，神都知道。

我的焦點也不放在別人知道我的委屈，因爲那是我的定義。

打離婚官司的時候，有些長輩看見我被迫跟兒子分離又屢次被對方攻擊，很爲我不捨。但我也屢次跟他們說我信任上帝親自爲我申冤。有一次前夫到我工作地方鬧事，幸好老闆相挺，那次沒丟了工作，長輩生氣的說要去對方開設的餐廳鬧事。

只有神知道我有一股衝動說好。

但我還是笑笑說：「不要鬧事，要去就去三桌人，去翻菜單，整晚點不了菜就好。」

逗弄長輩笑出來，佩服我的幽默感。（說笑而已，我們沒做任何報復，我還祝福禱告他生意興隆，畢竟是孩子的爸爸呀！）

經歷了難以計算的官司，彷彿是重重考驗，最終成爲勇敢有力量的了！一個人可以誠實面對自己的動機與情緒，同時，又重新做負責的選擇，我相信一切會很不一樣。

那次我跟神抱怨腦瘤的事情，也更新了我對神的想法。

一開始發現腦瘤時，我沒有抱怨，當時的我覺得只要是神允許的都是於我有益，所以我很積極對付這個病，覺得努力就可以痊癒；我看這事情的眼光停留在「用力」上，習性並沒有改變。直到我用力了一段時間，一次又一次的發病，不斷地打擊我的信心，又不斷地藉由禱告建立神必定醫治我的信心。

其中一次，就近去另一間醫院掛急診檢查，醫生告訴我有兩顆腦瘤時，我就爆炸了！怎麼會有兩顆？我這麼認眞努力，祢應該讓它消失的，沒消失不打緊，祢還讓它再來一顆！怎麼會有兩顆！怎麼可以有兩顆！爲什麼我幫別人禱告就有效，幫自己禱告就沒效？爲什麼祢會醫治別人的病就是不醫治我的病？難道我做得還不夠多嗎？祢算是什麼神？祢的眼睛眞的有看我嗎？我就跟神飆髒話了，崩潰大哭。醫院的人以爲我是第一次聽到腦瘤這件事，還趕緊安慰我說電腦斷層照的不一定準，會再安排一次核磁共振，不要傷心。

但就在那天，我開始思考爲何我這麼認眞的對付腦瘤？

我的動機是，如果我得了醫治，就可以證明向神禱告是有效的。因爲覺得自己很認眞禱告，也很認眞地在做該做的事情，已經沒方法可以再新增神對我的認可了；我覺得只要我做得夠好，神就會答應我的禱告。都已經做成這樣了，祢還不醫治好我，到底想怎樣？就像是一直得不到別人的認同，最後就會炸掉。我把神亂罵了一通，發洩完後，我開始反省，到底我爲什麼會這麼用力的要證明禱告有用？我也開始思考，禱告確實就是無效，那該怎麼辦？如果禱告無效，那我還要不要繼續相信神愛我？

當時我建立起了新的信仰觀念——就算神不醫治我的腦瘤，祂還是愛我的。

確定我在意的不是得到神蹟，而是堅定的愛；我就海闊天空了。

以前認爲，神愛我一定會醫治好我的腦瘤；現在是就算神不醫治我，也一樣是愛我的。我認爲這兩種不同層次的信心都是好的，只是對我來說，我要學習的不是讓人看見上帝愛人、會聽人的禱告，而是相信無論我的景況如何，我都值得被愛。哭完以後，我就再度感恩禱告，安心睡覺了，就像是吵架後，要決定是繼續在一起還是分手那樣的概念；我後來還是決定繼續跟神在一起，無論祂要不要醫治我，我還是愛祂。醒來後再去做了一次檢查，竟然就沒有看到第二顆腦瘤了。我也不想追究是醫院的誤判還是上帝特別留一顆作爲我的功課，總之我選擇安靜我的心，繼續相信。

罹患腦瘤這件事，讓我體驗到更深的愛。

有次要去演講，結果我突然發作，又是左邊手腳不能動，我超傷心的，覺得自己又造成了別人的困擾。但是神用了主辦單位的一個工作人員當天使，他告訴我說他很感動，很感謝有這個機會可以服務我，讓我超傻眼的。因爲平時我是講員，讓他們很敬佩，也很有距離感，沒想到現在有機會照顧我，他非常驚喜也感動自己能爲我付出。我太驚訝了！我從未想過，居然會有人不覺得我造成他們的困擾！太感動了！居然在我沒有能力去幫助、貢獻別人的時候，我是被照顧的。有種「平白得到」的感動。

我記住那個人說的話，之後每當我遇到有人覺得自己搞砸了，就會用他的話去給別人力量。我也開始讓別人知道，我能參與他人生辛苦的過程，我覺得很榮幸。

但我還是沒學會愛惜身體。現在想想好欠揍啊！

因爲我參加了一個課程，跟我的隊友展開爲期三個月的旅程，那時天天被叮嚀要正常的吃飯、睡覺。

從小到大我從來沒有被叮嚀要正常的吃飯、睡覺，我被叮嚀到幾乎要抓狂；當時也維持慣例的月月急診，讓全班陪我一起。那時，他們不是偶然相逢的聽衆、不是尊敬我的學生，就只是看我受苦、爲我心疼、爲我流淚的朋友們。我被打動了，開始想爲他們開心而正常吃飯、睡覺，再調整爲愛惜自己的關係，好好的吃飯、睡覺。

我覺得腦瘤讓我體驗到很多的愛。除了親友，連路人都常給我協助，扶我爬樓梯、過馬路。它讓我看見當我要的是被認同，除了搞死自己又造成別人擔心。

但當我相信，我單單只是存在就有價值時，就能體驗到被愛，根本不需要花這麼多力氣來證明我值得被愛。我可以承認我會累、需要幫助，當我開口時，我也會得到幫助，而不再覺得爲難或羞愧。

我隨時可以前進或休息，我是自由的，我有力量可以專注在創造價值上。

我選擇把腦瘤當作是一個老師，一堂考試，一份禮物。

人生總是不斷在選擇，我學到的是當我學會回應內在，便可以對自己堅定又保持彈性，終究得享自由，也自然在其中成爲衆人的祝福。

我學到情緒與選擇，都是豐富我們人生的工具。

有許多方式可以得到平靜，但有太多方式是藉由逃避、壓抑不平靜來得到平靜，那並不是眞正的平靜。

眞正的回應內在，由靜心冥想開始。

起初，會靜不下來，那就跟當下的不平靜在一起。

專注覺察當下每一個體驗，並且不對任何體驗下評斷的誠實面對自己。那麼過往一直在逃避、壓抑的事物，會因爲有所理解、頓悟，終將眞正過去。

我學到的是獨自一人的時候，思考比較深刻。

時時刻刻都保持感恩的心，不是容易的事。但若不如此就看不見出路，當失望、怨懟、難以感恩的時候，最需要的是洞悉一切的能力。唯有感恩，才能賦予自己洞見；感恩能影響振動頻率，將負面能量轉變爲正面能量而扭轉情勢；感恩也最容易產生效果，並且效果也最強大。

爲了感恩，自我表現讓位，讓同理心與諒解進來，就不再是沉溺灰心喪志中。唯一要做的就是經歷它、感謝它，一旦如此，生命中就會出現越多值得感恩的事。

就這樣，不把腦瘤當成是一個問題，當它是個青春痘。

也不記得過了幾年，總之是在2020年的4月，一次的電腦斷層檢查後，醫生告訴我：恭喜你，你的腦瘤找不到了！我十分平靜，也充滿了感謝。

回想起來2020的4月，全球大震動，我的人生也是！

NOTE

遇見未來

17 各種臨終服務

神不是萬靈丹。
以人的眼光來看，萬事都要依賴神，
然而，神只是指引。

———•———

做臨終服務是一件很奇妙的事情。
一開始會覺得，如果是祝福、是跟別人報好消息，大家都會收得很開心，但要跟人家預告時日不多了，這有點像是要觸人家霉頭耶！但神給我的考驗從來沒有少過。（攤手）

雖然從我國中被綁架那時開始，就發現自己能夠跟神對話，不過對於當時的我來說，神並不是我想跟祂對話時就能夠對話的。以前的體驗是，好像要盡了人一切本分的努力還是搞不定時，祂才會在緊要關頭出現。所以在祂眞正交代我要去對誰說話之前，我總覺得神是遠遠的。也因爲這樣，剛開始認識神的時候，我們之間的互動大概就像是去廟裡拜拜，有事就去求神問卜，事情順利就感謝神保佑，並沒有改變我太多。

後來因爲婚姻觸礁，就被邀請去教會，有了許多新的體驗。在《聖經》裡看見了自己在婚姻關係中的「惡」，才開始想要去對付它，想要修正自己的行爲；也因爲在教會工作的緣故，開始較常藉由跟祂的對話、聽祂的教導，看到自己哪裡需要調整就修改，同時也爲人服務。

接訊息眞的是一個體現信心的過程。我覺得整個信仰、甚至整個人生的過程，就是信心——不斷地相信、懷疑、懷疑、相信，相信的時候就看見，在等待的時候又懷疑。在鍛鍊信心的過程中，會建立起屬於自己的經驗法則，經驗法則被打破後，又會再建立起新的經驗法則，如此來來回回。所以現在的我看待經驗法則，就不會這麼地二分法分類對錯好壞，只有適用與否。以前適用，現在未必適用；在我身上適用，在其他人身上未必適用。

人在臨終之際，想必是會感到掛念、執著的。我想神是因爲憐憫人，所以差派我爲他們做這樣的服務。但也不是每個朋友的家人臨終時我都會去看的，直到現在我也還是不知道神爲什麼挑這些人要我去服務，總之祂要我做我就去做。我也不是一開始就做臨終服務的，初期我也是做些一般人會做的事情，主日學、傳道、敬拜團等等，後來才比較特別一點，要我去跟路人講上帝對他的想法和祝福。

第一次任務來得很突然。

我只是排隊買臭豆腐滑個手機，就有個意念進來，要我跟排在前面的女生說，她媽媽的病會好。收到意念的當下，我確定那不是我腦袋裡的幻覺，因爲我只是滑個手機，跟排在前面的人根本八竿子打不著，所以心裡浮現了「什麼？爲什麼？」「幹嘛要？很丟臉欸！」各種抗拒的念頭。

神是很酷的，講的話都很簡短，不會跟你來來回回，只給了我一句「你去」，我馬上回了一句「不要」。說完不要的當下，心裡又開始上演小劇場，「要是我不跟她說，她就不知道媽媽會好起來，她會不會很難過？」「會不會是錯的啊？應該不會錯吧？」

「這眞的不是幻聽嗎？我應該要去講嗎？」但最後靜下來聽自己心裡的聲音，覺得還是想跟她講。好吧！既然想跟她講，我就衝了。

於是我緊張地伸出我的食指，戳了戳前面的小姐。

她一臉問號的回過頭來看我，不知道我到底想幹嘛？我乾笑了一聲，說「上帝要我跟你說，你媽媽的病會好」，她一聽到我這麼說，眼眶馬上就紅了，「上帝要你跟我說的嗎？」我馬上合理化「對呀！因爲我是基督徒。」她說「我也是。」當下眞是鬆了一口氣，呼！還好她也是基督徒！這樣就比較不丟臉了。也第一次體驗到，其實這件事也沒那麼困難，困難都是自己想像來的。就這樣獲得了第一次的成功經驗，完成了傳達任務，也眞的有幫到別人，讓別人覺得安心、被看顧，同時也有爲神做事的成就感。那時候對神的互動處在報恩的階段，所以比較聽上帝的話，雖然偶爾會有murmur，但該做的都會去做，比較是恭敬的感覺。

從那次開始，就陸陸續續累積了多到可以再出一本書的傳話經驗。不過在這些經驗之中，我覺得最特別而且比較少人做的就是臨終服務，所以挑這個部分來跟大家分享三個故事。

我記得第一次的臨終服務是一位得了癌症的教會姊妹；她帶著兩個孩子，經常跟先生吵架，我跟她不太熟。她很熱心服務教會，在她生病後，教會的週報也時常提名爲她祝福禱告，不過因爲每週都刊登，這也變得有點像是我的例行公事，沒有太大的感覺。一直到某次，教會決定舉辦一個通宵禱告，整夜就爲一個人的病得痊癒而禱告，那時候我有兩個想法，第一個是「哇賽！教會眞的好熱心哦，爲了一個人徹夜禱告」，第二個意念竟然是，「她就一定會死，爲什麼要幫她通宵禱告？我不想去，這不會改變上帝的心意」，我就不去了。這對當時在教會工作的我來說，是一個滿大的決定。當然那時我獨自帶著年幼的孩子，不去參加通宵禱告牧師是可以理解的。但同時我也很驚訝，自己怎麼會有這樣的意念。「咦？我爲什麼會這麼想呢？」於是我就去禱告，「神啊！祢沒有要醫治她嗎？」

用人的眼光去看這件事，只會把神當作是萬用藥膏，好像跟神講一下神就得來處理。但這次神沒有回答我，只告訴我「你去關心她，看她有什麼遺願，你去完成。」我心想「蝦米！難得祂多說了幾句話，結果是這麼困難的任務嗎?!」當下眞是頭皮發麻。本來還在猶豫該不該告訴牧師這件事，但想想，要是說了這件事，會不會像是在打臉他的通宵禱告？於是決定還是自己去探訪這位姊妹，直到現在牧師都還不知道當時的這件事。

我來到馬偕醫院探訪這位姊妹，因爲不熟，也不知道該怎麼起這個頭才好，只好先簡單地關心問候她，身體還好嗎？雖然嘴裡說著一般的問候，但心裡知道自己的任務時，眞的是好糾結啊！就像是你明明要講正題，還要一直繞圈鋪梗，到底在怕什麼咧？但我覺得這樣一直繞下去沒完沒了，沒辦法切正題，我就直接問她：「假設……你時日不多，你會想要做什麼？」她聽到我這樣問，馬上就回我，「上帝是不是告訴你，我不行了？」

頓時我又腦袋一陣天人交戰，「天啊！怎麼辦？怎麼辦？現在是要說嗎？該說嗎？」後來上帝說，就說吧！我只好支支吾吾地回答她：「……嗯，那，你希望我爲你做什麼？」令我感到驚訝的是，她居然很接受這件事！她告訴我說，自己的身體自己最瞭解，她也有預感上帝要來接她了，但她很放不下她的孩子，希望我爲他們禱告。

在她眼中的先生，是不認眞工作、不關心家裡的，也因爲常跟先生吵架，所以很擔心她如果過世後，兩個女兒該怎麼辦。她很相信像牧師或傳道這樣有異象、有神通能力的人禱告是有效的，因此希望我能夠祝福他們。

突然間我明白了爲什麼神要我來做這件事，因爲她覺得有效、有信心，這樣她就能夠安息了。於是我就答應她說好，我會爲你的丈夫、孩子們禱告。那還有其他的事情嗎？「你一直都幫人服務，我覺得很感動，我也想爲你做事。」我說，「喔，那你要……爲我做什麼？」接著她說的話，讓我傻眼到不可置信。

「我知道你有便祕問題，我告訴你，灌甘油球非常有效，你讓我幫你灌甘油球好不好？」

我大傻眼！不是開玩笑吧！你的臨終遺願是要幫我灌腸？當下眞是滿滿的想靠北上帝又不敢靠北，我回她，「不是這樣吧？這是你的遺願喔！你想清楚。」

她回答說，「眞的呀，我很想報答你，而且這會讓我覺得我還能夠幫人，我很喜歡做點服事，但你看我住院這麼久，我已經好久沒有幫忙別人了。」我那時候眞的是連笑都笑不出來，要我在不熟的姊妹面前脫褲子，還要讓她灌腸！而這居然是她的遺願！

我滿腦子都在想該用什麼方法來勸退她，再三地跟她確認，「這眞的是你的臨終遺願嗎？」我的臉都快扭曲了。遺願耶！這是上帝一定會完成的遺願耶！這要換做是我，才不會拿來用在這種地方，別人的便祕關我什麼事呀！而她居然說想要幫我灌腸！OH

MY GOD！好好用你的遺願不行嗎？但她認眞地說想要幫我，「你讓我覺得我還有一點能力好不好？」就是這句話，讓我心軟了。因爲那時候她已經病重了，虛弱得連去個廁所這麼短的距離都要坐輪椅，爲了讓她覺得她還有能力能夠幫助別人，我眞的是只能含淚答應。

在我尷尬糾結之際，她還安慰我「你放心！你就想像我是媽媽你是小朋友就好，你看你從小也沒有媽媽照顧，現在就放鬆把我當作媽媽在照顧你就好。」從她幫我灌腸完，到我扶她回到床上，過程中她的病正在發作，還不忘提醒我要忍一下再去廁所，還眞的是充分讓她體驗到她是有能力幫助別人的。

一個癌末病人關心我，但是居然是關心我的便祕！我完全沒辦法思考到底該怎麼重置我的思想才好，我該想著我的不好意思？還是想著完成她的遺願，照她說的，想像是媽媽照顧女兒？還是體驗到這是神與我同在？就在千頭萬緒之中我就被灌腸了，她還用很溫暖的聲音引導我「呼吸～憋住～好棒哦！」我眞的是嘴角抽搐哭笑不得，心裡想著「天啊上帝，還眞謝謝祢呀。」

這一次的臨終服務體驗，徹底打破了我的面子。

NOTE

18 上帝給我的功課

神對人的愛是無限寬廣的，
不會因為沒有受洗，就不是基督的靈魂，
就沒有了去處。

---•---

我發現面子根本一點都不重要，重要的是愛——我讓這個癌末病人體驗到她是有能力付出的。從這之中，我也深刻體驗到一件事，那就是放下面子的時候，是能夠成就別人的心意的。同時在這中間找到好消息：幸好我是便祕，還能夠讓一個連行走都要人家攙扶、長期臥病在床的病人滿足到服務別人的心願。

完成這件事後，她非常地開心，拼命地謝謝我，謝到我都走到房門口了還沒結束，十分捨不得我離開。而我也清楚明白，這是最後一面了，所以待到不能再待才離開，也慶幸替她完成遺願，能夠放下了，同時向她預告會有光來接她，要她跟著光過去。

兩天後，她就離開人世了。教會同工得知她離開時，大家都很震驚，但我卻感到安心；感謝神，我們最後完成了她的遺願。此後只要我便祕，就會想到她，只要想到她，就會爲她的小孩禱告。我想，我到死的那一天爲止都會一直想到她，這實在是太深刻的體驗了。

上帝給我的功課，不會只是讓我去服務別人，我也會有啓發與釋放。

在這件事情中我學習到，如果我願意放下面子，就能夠祝福別人；如果我可以放下我不舒服的感覺，把焦點放在成就別人，就會發生美好的事情，讓愛流動。很多時候都是因爲自己的面子、自己的不舒服、自己的權益受損，而開始戰鬥、自相殘殺，要是我們都能夠放下這些，去看更大、更遠、更美好的共同利益，或許這個世界會更美好。

看起來如此荒謬的一個臨終遺願，卻可以看見很多事，什麼樣的人會在臨終時都還想著服務別人，把遺願用在這麼微不足道的事情上？我想，她是一個很美麗的靈魂，才會讓我經過這麼多年都還時常想起她。或許就是因爲她的靈魂這麼美，上帝才會讓我去爲她做這個臨終服務。

第二個臨終服務的故事，是位教會弟兄的爸爸，同樣是癌症，但不是那麼嚴重。同樣因爲久病的緣故，教會週報也每週都提名爲這位爸爸祝福禱告。

通常我們會熟識弟兄姊妹，但與他們的父母親不熟，尤其是當父母親不是基督徒、也不會來教會聚會時，我們頂多也就是在教會替他們禱告，比較少眞的跑去醫院探望的。有一天當我們在輪流禱告時，我突然又收到訊息，「去看他爸爸」。跟神來往久了，大概就知道這種「突然間」來的感覺，都是神來一筆。我就知道又是神發派任務來了。

於是我就跟這位弟兄說，我想去醫院探望他爸爸。

弟兄覺得很意外驚喜，可能是因爲爸爸病久了，有人願意去看看他爸爸，讓他覺得很開心，同時也覺得如果能有人爲他爸爸祝福，爸爸的病應該會比較快好。那時候因爲剛換教會，我還只是會友，十分低調，教會小組長聽聞之後，主動說要跟我一起去，於是我們約了時間共同前往亞東醫院探訪弟兄的爸爸。

因爲要探訪病人，小組長提議是否該帶水果禮盒去，這樣比較有禮貌？於是我馬上禱告，在畫面中看見了葡萄，便決定要買葡萄。不巧的是，醫院附近的水果攤商賣的都是一盒一盒的蘋果水梨禮盒，沒有人賣葡萄。怎麼辦呢？小組長勸說我放棄，沒有人在賣葡萄呀！就近買個蘋果水梨就好了吧？但我那時候對神的信心已經到達一定的程度，非常篤定——就是要買葡萄！這是一個包套的任務，探訪弟兄的爸爸，包含「買葡萄」，所以我並沒有放棄。

眼看時間都快遲到了，我本來已經想好，寧可空手，也不要只是買個蘋果水梨來交差了事。神奇的是，最後居然在醫院一樓的花店櫥窗裡發現了葡萄！你怎麼可能想得到，花店裡居然會賣葡萄呢？於是我馬上問花店老闆，這葡萄能不能賣給我？就這樣帶著葡萄去探望弟兄的爸爸。

走進病房，弟兄已經在那裡等候我們了。當他看見我手上的葡萄時，驚訝地問說：33姊，你怎麼會買葡萄？我爸最喜歡吃的就是葡萄耶！一聽到他這麼說，我就知道「賓果！這樣我就有梗可以跟他爸爸聊天了」。弟兄的爸爸也感到驚訝，於是我便順勢地說出開場白，「你知道爲什麼我會買葡萄來嗎？因爲上帝知道你愛吃葡萄，所以上帝在乎你。」弟兄的爸爸注意力馬上轉到我的身上，接著問：「那上帝還有跟你說什麼？」我告訴他，上帝很愛他，就算他不認識祂，但是上帝認識他。

等到有機會病房裡只剩下我跟這位爸爸，我便握著爸爸的手對他做預告，「你現在放不下的就是你的兒子對不對？」爸爸點點頭，「你放心，上帝會照顧你的兒子的。」

我接著說出上帝爲這位弟兄的預備安排，以及他們家中的一些狀況，讓這位爸爸安心。也因爲這些狀況外人不可能知道，所以他的爸爸覺得眞的有一位神在他的身邊，讓他很感動。我就問他說，「那今天受洗你願意嗎？」他就說好。當下馬上聯絡牧師過來幫他洗禮，洗禮完隔天他就長眠了。而這位弟兄也很感動，感謝能夠讓他的爸爸在臨終前受洗。

在第二個臨終服務的故事裡，我學到的是即時行動。這一次比前一次更迫切，沒有猶豫的空間，如果晚了一天，就沒有辦法讓爸爸受洗了。

受洗對逝世的人來說，其實沒有那麼重要，神的愛是很寬廣的，並沒有限定只有基督徒的靈魂才有去處，每個靈魂都很珍貴，都有去處的。但是對於活著的人來說，這件事很重要。

基督徒會很在乎臨終前有沒有受洗，覺得有受洗靈魂才有去處，離開時才有神來接他走。好比說喪禮，其實也都是做給活著的人看的，就算喪禮辦得再豪華，也不會因此增加功德或幫助修行，最終還是會按著在世時的所作所爲，產生對應的因果。所以我們所做的這些事，其實是爲了讓活著的人能夠安心的。

這之中也學到了要相信，如果在過程中遭遇困難時，選擇了買水梨或蘋果過去，豈不就沒有梗能夠講出上帝對他的愛了嗎？不僅要有單純的信心，還要堅持這個單純的信心，這時候我的固執反而起了作用，成就了一件好事。

NOTE

19 活著的人比較重要

臨終服務教會我的是，
放下面子，
以及，活著的人比較重要。

第一次臨終服務學習的功課，是放下面子；而第二次要學習的功課，是即時行動、專注。與素未謀面的病患，一見面就能講出他心中擔憂的事情，那眞的是要靠聖靈給資訊。爲了要讓這位時日不多的爸爸能夠明白神、宇宙是很期待迎接他的靈魂到來，也很祝福他的家族，甚至是爲了尋找葡萄，我都得要很專注地不能夠分心。專注地完成每一個環節，才能夠讓每一個即將離開的靈魂都能夠安心，也讓活著的人能夠擁有不同的觀點面對親人的離世，讓彼此能有心理準備好好道歉、道謝、道別。

第三個分享的臨終服務，是冥想班學生的奶奶，這位奶奶當初只是因爲很小的病

（忘記是摔倒或是感冒）住進了榮總，同一時間，我另位朋友的爸爸則因為敗血症的緣故病危，從金門坐直升機回來，同樣住進了榮總，剛好住在上下樓層；因此我去醫院探望奶奶當天，也順便去探望了朋友的爸爸。關於朋友爸爸的病危，其實沒有太特別的學習，整個過程很簡單，雖然是醫生認為情況不樂觀的病危，但我接收到的訊息是他會在月底出院，探望完並且告訴了朋友之後，他的爸爸也真的就在月底出院回家了。

而學員的奶奶因為小病住院，一開始大家都不以為意。後來學員請大家為奶奶送光時，我一禱告就出現畫面，看見奶奶的滿頭白髮，脖子掛了一條玉觀音，感覺病房靠窗，於是我就向學員確認奶奶的樣貌及病房位置，確認頻道接上的是他的奶奶沒錯，我就開始送光。

突然就又有意念進來，說奶奶出不了院，並且要去完成她的遺願。

我其實很驚訝，因為奶奶看起來很健康，醫院也是給出好消息，說洗腎很順利，反應是好的。當時奶奶已經無法對話，我便直接進行靈魂對話，問奶奶想要的是什麼？奶奶就說，兩個兒子為了財產在打官司，她希望他們可以和好，可以一起來到她的病床前。

即便已經十年的經驗了，我還是會謹慎確認從神來的訊息，因為訊息也是有可能頻道接錯線的。於是我向學員求證這件事，確認確實有這樣的事情後，便挑了一個他爸爸會在的時間過去探望奶奶。

根據學員的描述，爸爸是一個自我意識比較強烈的人，不容易把別人的話聽進去。為了讓爸爸願意信任我，我見到爸爸後，先讓他感受到能量，把我的手放在他的手上方一段距離，手心向下，讓他感受到我的手只要一放在他的手附近，就會覺得很有重量，像是被放了什麼重物一樣。爸爸還出題考我，問了我一些宗教和靈魂的問題，最終答案也令他認同。也就因此爸爸對我有了信任，覺得我是奇人，比較願意把我的話聽進去。於是我用委婉的方式告訴他奶奶將不久於人世，讓他知道奶奶很愛他們、不希望讓他們勞累地一直照顧她，所以這個照顧奶奶的情形很快就會結束了，也請他們珍惜奶奶還在的時候，去做一些讓奶奶開心的事，像是老人家最希望看到的就是一家和睦，類似這樣暗示的話，爸爸也就聽懂了。

而就像前面提到的，活著的人比較重要，也因為奶奶從小就像媽媽一樣照顧學員成長，所以過程中比較需要做的，反而是要讓學生能夠釋放掉很捨不得奶奶的情緒。

還好他的妻子也在冥想班，並且非常支持他去抒發釋放，他就去唱了一夜的KTV，唱一些奶奶那個年代會喜歡聽的台語歌，用唱歌來釋放、轉化沒有花時間陪奶奶的愧疚，轉變爲感謝奶奶這些年來的陪伴，接受這個事實，並且祝福家人。

過程中學員也經歷了自己的情緒轉變，從對家人的不諒解，到學習祝福、和解，在這件事情上有了成長。而這一次的臨終服務，從奶奶還在世，到臨終的最後一天，直到喪禮結束後我再次去探望爸爸，給予爸爸鼓勵與祝福，算是比之前都要來得長的時程。後來我也持續留意聖靈的感動，確認不需要繼續再關心爸爸，相信學員自己有智慧跟爸爸溝通，就結案了。

NOTE

20 校園的眼淚

教育，
是去瞭解什麼原因造成孩子的行為，
而不是去制訂罰責或規範，
去制止孩子的行為。

•

有段時間我在教育協會擔任講師，到國中替學生做問題處理、情緒處理的品德教育，大約爲期一年。

跟孩子們相處的過程中，可能因爲我不是學校體制的老師，又像是朋友一樣的相處方式，所以他們都很願意跟我講眞正的想法，甚至會有人告訴我她懷孕了，但是不敢讓父母知道。從關心孩子爲什麼會想要有親密關係的過程中，也看得見他們內心的空虛、希望被愛，也讓我看見其實他們都很渴望被認同、被信任。但他們在這個年紀不會說，也不知道怎麼說，所以才會在同儕之間希望自己是被需要的。

我在最後一堂課時，替每位孩子做禱告，依照禱告時我在心中「看到的畫面」鼓勵他們。孩子們也一一回應：原來就算他不好，看不見的上帝也在身邊愛他，原來他不是沒有人理會，他覺得很溫暖。也有人回應：原來他的父母親是他自己選的，雖然不知道為什麼出生前要選他們當父母？但突然覺得甘願，以後會想一想，怎樣讓自己更好？

讓我印象最深的是，我對一個孩子說：「上帝說你是你爸媽相愛的時候，來到這個世界的。」這個孩子就大哭了，因為他一直懷疑是他害他的父母親結婚、害他的父母親不幸。我聽了很心疼，緊緊抱住他。還有我對一個孩子說：「爸媽把你交給阿嬤，是因為他們很愛你，希望你二十四小時都有人照顧，所以對他們來說這個是最好的選擇，他們其實也會因為想念你而感到難過。」這個孩子也馬上流下眼淚。每個小孩都哭得稀哩嘩啦的，直到下課鐘響都沒有人要離開教室。我下一堂課剛好是班導的課，導師看見這個景況覺得很驚訝，沒有打斷我超時的部分，讓我對整班每一個孩子都完成禱告。那一天，我好感謝神透過我安慰了這一群孩子們。

在我理解，一般人所謂的青春期、叛逆期，其實就是一種心境的轉換。

因爲孩子隨著年紀增長，父母不會再像幼童時期投以大量關注，可能對孩子開始有很多的期待與要求，再加上孩子多了其他的人際關係角色，有同學、有老師，開始有很想要被肯定、被注意的心情影響他們。這是很符合天性的一種欲望，每個人都想要被肯定、被瞭解的。

而所謂的青春期、叛逆期，就是因爲孩子們沒有得到認同產生的情緒反彈，伴隨而來的一些讓父母覺得不如預期的行爲，就輕易地被定義成「小孩子不聽話就是青春期，就是叛逆」的結論。當然青春期確實會有賀爾蒙的改變，生理影響心理，但這就是成長的一部分，做父母的應該從這個部分去練習更多瞭解孩子、接納孩子。另一種狀況是有很多家長從一開始就預期孩子青春期會有叛逆的情形發生，那孩子的很多想法行爲，到最後都會被父母簡化成「叛逆」，而我覺得這是一個便宜行事的作法，因此錯失了許多能夠眞正陪伴、瞭解孩子的機會。

另外，很多孩子因爲父母繁忙，回家也看不到爸媽，或是下課就要趕去補習班，甚至是隔代教養的，以致孩子會覺得自己在父母的眼中、心中是不被重視的，會有不安的感受。他們不喜歡這個不安、孤單的感受，卻也不知道該怎麼處理，就會裝得無所謂。

就像是在感情中受傷的人，避免受傷，於是告訴自己「一個人也很好」一樣；在原生家庭中受傷的孩子，也會覺得不被理解就算了！

我記得那時候班上有個酷酷的男生，平時不太講話，一旦開口就是講幹話，會打球但功課普通，是那種在學生之間很受歡迎的類型。一般老師對這樣的學生都很沒轍，因爲他反應很快又愛頂嘴，老師們常會被他的回嘴冒犯，在傳統教育裡，這樣的小孩難免經常被責罵、叫去走廊罰站，成爲老師的心目中的「問題學生」。

我覺得一個心理強大健康的人，沒有那麼容易受傷，不會一直要求別人對他要有禮貌，不會被人家的表達方式所傷害。但是內心強大健康是需要透過學習練習的，就像我們要運動才會有肌力是一樣的。做重訓時我們會練得唉唉叫，撐過了肌肉就長出來了，內心的強大也是需要經過一些唉唉叫的時機。

而這個孩子很能表達自己，不害怕框架，也很能吸引別人的注意力，像這樣能帶頭作亂的孩子，通常都很有影響力。所以當他做出一些看起來是頂嘴、挑釁、破壞教室秩序等等沒有禮貌的行爲時，我沒有把任何標準和框架套在他身上，反而覺得太有趣了，我彷彿看到了一個未來的領袖，轉念想想，我只要搞定他一個人，不就可以搞定全班了！

我想要瞭解他爲什麼會以這種方式來表現他自己，於是，我利用了我們跟學生之間的那本「聯絡簿」來和他交流。我在聯絡簿上問他：爲什麼每堂課你都要跟我唱反調？我相信你不是故意要唱反調，但我想知道爲什麼，是覺得我講得不好，想要告訴我什麼嗎？還是你覺得這樣很有趣呢？

果然，這樣的溝通方式是他可以接受的，他在聯絡簿上告訴我，因爲他覺得品德教育課很無聊，他只是想做些有趣的事。我覺得他這樣勇於表達自己的想法很棒。即便是成人的我們，也會對某些時候、狀況感到無聊，而其實他也就只是在無聊的環境中找事做而已。後來我就讓他有事做，讓他擔任小老師，藉由關心班上同學、跟他討論同學的狀況，分享彼此對某些同學的觀察看法，來加深強化他的優點。

又或者像是班上有愛告狀的孩子，會去比較某某同學A方面做得比他好，但B方面做得比他差，就像是抓到小辮子一樣拿來告狀。這有什麼優點可以強化呢？要告狀可是需要花很多時間觀察別人，也需要膽量的，他藉由告狀的過程，來強化自己其實需要被肯定的訊號。當然我們也不能只滿足他被肯定的希望，所以我會去瞭解他的目的是什麼：「我有看到某某同學的B方面的表現啊，所以怎麼了嗎？」「你這樣告訴我，是希望我不喜歡他嗎？爲什麼？」孩子回應「沒有啊，他就是比較爛啊，都是裝出來的。」「所以你覺得你比他好是不是？你想要我喜歡你比較多對不對？」孩子就會愣一下。「沒有啊」「那你爲什麼要告狀？」「沒有啊，我就是想要你知道他很差」「那我知道他很差之後，我會怎麼樣？所以你需要別人比較差，來證明你比較好嗎？」

我覺得溝通過程中，提問是一個很好的方式，目的不是爲了解決問題，而是爲了讓我們更瞭解彼此。（有誰喜歡被當成問題而處理呢？）

我很不喜歡溝通變得像是坊間教的那種「幾分鐘有多少成交數」的詭異路線，如果溝通只是爲了拿來成就自己的目的，那就不美了。

這個世界上只有人類才有文字，我們可以透過語言傳遞情感，可以用好奇去增加彼此的瞭解，這都是用來擴張我們愛的體驗的，如果只是爲了滿足自己的目的，那就會變成一種控制。內心健康強大的人不需要控制別人，也不會被控制，所以拒絕別人時不會感到難爲情，被拒絕時也不會貶低自己，不會覺得自己很差所以被拒絕。

同樣地，延伸到談戀愛告白失敗、求職失敗甚至被資遣也一樣，人生有很多時候可能盡心盡力了，但結果不如預期，如何在這種結果之中定義價值，就會影響後面的人格形塑。

如果一個人要活得很清楚、活得有界限，就要清楚知道自己爲什麼接受與拒絕。父母要很清楚這種界線，孩子才會清楚知道自己的存在不是爲了讓父母滿意，如果孩子可以勇敢拒絕父母，那他的心態就會健康，不然很多孩子會覺得要表現得好父母才會關心肯定，也會很容易跟兄弟姊妹比較，產生爭奪與傷害。

即使父母不希望孩子競爭比較，但無意識之間也會灌輸誰比較優秀、比較乖、表現得比較好，種下一些因讓孩子比較競爭，之後當然就會導致孩子的比較競爭。表現差的就會減少聯絡甚至作亂，但作亂也是爲了得到父母注意。所以行爲都是表層，我們眞正要看的是「根」，也就是「動機」。

要知道的是，是什麼動機產出這些行爲，而不是看要用什麼方法孩子才不會有這些行爲產生。在跟孩子溝通時，我會留意他的「動機」，而那個可能就是情緒。講到某些東西時會特別容易有情緒出來，那就是他的動機。

人要認識自己有意識也有心識，意識就是表意識、潛意識、無意識、超意識，而心識就是靈魂體的「靈」。靈要增長，有屬靈的智慧，就不會爲了讓別人開心而去做某些事，而是清楚明白「我確定知道我做這件事的動機跟目的」。我們越清楚，就越能擁有清心甚至清明的狀態。我覺得佛教用語講得很有趣，人在笨的時候叫做無明，而佛家追求的是清明，也就是清楚無罣礙、不強求、不控制，所以稱之爲空。

如果在物質上的成就滿足了，人就會追求靈性成長，這就是我們的普世價值。反過來說，如果人現在就追求靈性的成長，我們物質界就會跟著豐盛。人們現在活錯了順序，活在追求物質之中，自然就會有很多的勞苦愁煩，很多的比較，整天用工時換錢。

但如果願意按著本源跟自己、跟神合一，有靈性帶領我們的魂、思想、情感、意志的話，選擇就會不一樣，這就是活在豐盛之中；大部分的人會活在恐懼、擔心失敗之中，這就是因爲沒有意識到自己是活在豐盛之中的。

所有的事不是從恐懼出發，就是從豐盛出發、從愛出發。

好比要不要這份工作、要不要創業、買房子，人就會想要付的代價是什麼，這些都是從恐懼而來的。但從豐盛出發的人會想的是，做這件事我可以傳遞出的訊息是什麼。

很多人把企業經營得很好，不是因爲他們立下心志要把企業做好，而是先把他們喜歡的事做到極致，把他們相信的事做到極致之後，機緣自然就來了，欣賞他們的人與資源都會跟著來到，而這些人最強的信念就是相信他一定會成功的。

我有個朋友當初只是因爲很認同公司的理念，陰錯陽差地接手了一間公司的負責人職位。但因爲沒有具備企業管理和商業相關的知識，剛開始的一、兩年也是遭逢了許多水深火熱，公司差點倒閉解散。但本著一股希望能夠幫助更多人的心意，讓她屢屢在想要放棄時，被這些服務過的客戶拉回來，她也在他們身上獲得替人完成夢想的感動，就繼續爲了這個信念堅持下去。於是越走下去，越多願意幫忙的人加入她的團隊，成爲了她的後盾，逐漸地壯大了起來。

如果我們是爲了賺錢而創業的話，眼界停留在很低的層次。

對於宇宙來說，「錢」是一個工具，它是我們顯化豐盛的工具，我們可以用錢創造很多的體驗，但我們不應該活在追求工具之中，而是使用工具讓生活豐盛。好比說廚房有菜刀、有機器，但我們不會去追求機器。做菜的人一定是想做出能夠感動人心、美好的料理讓吃的人開心，自然而然就會提升工具，而不是爲了擁有厲害的工具去做菜的；但大部分的人都活在「爲了要擁有更多的錢就去認識很多賺錢的方法」。

我在收支管理做得很好的那幾年其實很貧乏，每天都努力的把自己的收支控管好，但錢賺得卻沒比較多，生活也沒比較開心，身體也沒更健康……反而是當我爲了信念願景去突破嘗試，當講師，開璀璨生命催眠、冥想班，做一些沒有人能夠保證收入，但我卻可以享受生命美好的工作，爲了理念去做時反而更豐盛。

希望藉由這個分享，能夠調整大家注意到自己的動機是從豐盛、從愛、從傳承貢獻裡來，還是從自己的私欲、懼怕、匱乏裡面來？不同的根，就會影響結出不同的果子。願我們都活在清晰、清明、清楚，自然會輕鬆、豐盛自由。

NOTE

21 緣緣的故事

每個靈魂來這裡都是為了愛，
我們來到這個世界是為了進行一場愛的旅行。

這是經過一位母親同意分享的親身故事，因爲她的孩子教了我們一些事。

在我的冥想班裡，有做接收上天訊息的訓練。

有一次，一個學生Kiki跟我們分享剛剛在冥想過程看見媽祖抱了一個小孩給她，她心想：年紀都這麼大了，還生得出來嗎？我告訴這位Kiki：可能是給你的，也可能這是一個訊息，要你留意身邊的孩子。

Kiki把我給她的話放在心上。得知她的好朋友曉芬請假在家休息，便問曉芬：你該不會是懷孕了吧?!曉芬很驚訝，認爲可能是老天給Kiki的靈感，讓她能說出讓她以淚洗面的心事。原來曉芬正因爲高齡而準備流產，而準備流產的事讓她自責、不捨，哭了好幾天。

Kiki 建議曉芬來找我，曉芬心想若是能知道孩子的去處、取得原諒並跟孩子道別也好。於是跟我約定由Kiki陪伴一起前來我這裡做諮詢。

等待她們來到的這段時間，我有點戰戰兢兢。

畢竟是個生命，不只是肚子裡的生命，曉芬本身的生命也是我關注的。我比日常禱告還謹慎的尋求上帝指引：是要爲曉芬做催眠？還是做翻譯解讀孩子的靈魂？

上帝回應：都做。

此刻看到一位小女孩，笑笑的說：我想要有個名字，回天上可以跟大家講。於是我先用 LINE 通知還在路上的曉芬，請她先爲孩子取好名字。當然，曉芬又一陣令我心疼的哭泣。

過不久，Kiki 和曉芬抵達工作室，便開始做靈魂對話。

我告訴曉芬，當孩子得知自己名字「圓圓」後，很興奮的說很喜歡媽媽給她的名字。

接下來，圓圓說了連我都驚訝的話：

「媽媽，我在天上就看到你，很喜歡你，因爲你很棒！可是你太熱門了，我排很久的隊，才能來跟你說話，告訴你一些事。

「我知道我不會被你生下來（這位孕婦已經有四個小孩），我本來就知道，我最近幾次都是做這樣的旅行，上一次我選的媽媽也是流產。（聽到這，我們三個人都傻眼了）

「我做這樣的旅行是有原因的，因爲我很想跟你說話，就算只待在你肚子幾天都好，我知道我一定可以跟你說話，我知道有這樣的一天，因爲你今天來找33。你沒有做錯事，你沒有不好，我很開心跟你們生活這些日子，家裡很熱鬧，我好喜歡聽大家說話。所以你不要難過……」

曉芬問：「那我還可以為你做些什麼？」

圓圓說：「不用啊，媽媽你開心就好了！你在公司坐在椅子上的時間太久了！在家也一直做家事，在廚房也站很久。我覺得你太辛苦了！你不只是媽媽啊，你是你，你也是來地球玩的，可是你忘記玩了！你太忙、太累了！前幾天你跟××阿姨吃飯就很好，我喜歡你跟××阿姨在一起聊天，圓圓喜歡你很開心！」

（曉芬已經感動落淚，Kiki 也是。）

但曉芬還是想幫她做點事，所以我又問：「這幾天你想跟媽媽怎麼過？」（原訂三

天後進行人工流產）

圓圓：「想跟媽媽去百貨公司買東西，我喜歡人多的地方。但跟媽媽去哪都好，只要媽媽開心，我就開心！回去天上我可以跟大家說我玩了什麼！還有，我明天想去學校祝福姊姊。」

（姊姊剛好隔天學校考試，曉芬正考慮要不要陪考。）

（這段話實在太美了。）

再問：「那手術之後你知道你去哪嗎？」

「知道啊！媽祖阿姨會來接我。」

（媽祖？？）

Kiki 向曉芬補充：她是在冥想的時候，看見媽祖抱一個小孩來找她。她沒有接手，想說自己年紀是不可能懷孕，那孩子最後如果是媽祖接走就很合理。後來神要我爲她們一起做催眠，這很罕見，我不知道原因，但我聽話爲她們同時做催眠。

曉芬和 Kiki 都看見了小女孩。

Kiki 此時突然明白，爲什麼她能感應到請假的曉芬是高齡懷孕？原來圓圓也是 Kiki 年輕時流產掉的孩子，也就是稍早圓圓說的「上一次我選的媽媽也是流產」，她才會特別掛念。

（驚訝這個靈魂一次療癒了兩個女人啊！）

後來她們都跟圓圓有些互動、對話，尾聲時，曉芬拿到圓圓給她一朵向日葵，要媽媽看見太陽就想到她；以及圓圓給媽媽的祝福、圓圓是來愛媽媽的、媽媽要開心、要玩。也給她上一次的媽媽，也就是 Kiki，一朵紅色的大花，也要求 Kiki 跟曉芬逛街時買個漂亮的髮夾裝扮自己。連我都有一把雛菊，圓圓謝謝我的幫忙，讓她可以跟兩位媽媽說這麼多話。

整個過程太震撼了。

靈魂來這裡都是爲了愛。

我們來這兒是進行愛的旅行。

媽媽是自己選的，孩子都是要來祝福媽媽的。（證實我的想法：根本不是前世相欠）

這個故事當初分享出來後，安慰了許多失去孩子的母親們，也安慰了對父母失望的孩子。原來父母是我們自己在天上選的，也是我們想要愛的，好美的靈魂約定。

所以書寫出來希望可以感動更多人來思考：我們來地球的目的？我們如何愛人？如何被愛？

進而與神和好、與自己和好、與人和好！

一起思考~我們是來愛的！

太震撼了~太感動了~

天地萬物，都需要我們的愛！

事後三個月的某一天，一個小女孩出現對我說：「33阿姨好，我是ㄩㄢˊㄩㄢˊ。（眞有禮貌的小鬼，但她是誰啊？）你可以告訴我媽媽記得戴髮夾嗎？」

！！！！！！

「你是那個被流產的圓圓？不是去媽祖那要排隊投胎嗎？」

「對，我媽媽好久沒來上課，我還可以請你幫忙嗎？」

「可以，可以！我們有LINE。」

「還有，另一個媽媽她還是太忙了！我在天上大電視都有看到哦！請告訴她要休息，要常常玩、常常找阿姨聊天，不要自己煩，圓圓在天上看了很不開心。」

說得氣pupu的圓圓，看起來眞逗趣、眞可愛！

「好，我會轉告你的話給兩位媽媽。」

「33阿姨，你不是要寫我的故事在書裡嗎？快寫啊！」

「好好好！」（心想這孩子根本管家婆欸！）

後來又向圓圓問了些天上有啥好玩的事，跟這孩子瞎聊一番，圓圓就笑咪咪的離開了。事後我用LINE跟Kiki聊天，說圓圓在天上都有看到你沒戴髮夾哦！也請她轉告給曉芬，圓圓對她的關心，這管家婆的個性，原來是像曉芬啊！完成任務後，我正放下心來，突然又有意念進腦說：「阿姨，ㄩㄢˊㄩㄢˊ不是圓滾滾的圓啦！是緣分的緣～」歪腰，我衝出浴室馬上問Kiki是哪個ㄩㄢˊ？

還眞的是緣～看來這孩子眞的很在意啊！哈哈！

可愛的緣緣，阿姨記住了！

NOTE

療癒的路

22 為什麼不愛我了？

為什麼不愛我了？我想很多人都問過自己這個問題，以往我也問過自己幾次。

跟這個問題很像的還有：

為什麼拒絕我了？為什麼不聯絡我了？為什麼離開我了？我做錯了什麼？

這些念頭出現時，肯定很痛，卻也是檢視自己人生的絕佳機會。

●

每當懷疑自我時，就是檢視信念、重建自我價值的絕佳機會。

我經常遇到孩子們問我：爲什麼爸爸媽媽會離婚？

我不是他們的父母，不能也不該回答，爲什麼父母不再相愛？但是我可以詢問：

「你對爸爸媽媽離婚的感覺是什麼?」「爸爸媽媽離婚對你有什麼影響嗎?」孩子們多半描述不出來當下的感覺，也整理不出來父母離婚這件事情對自己的影響。

這很常見。

如果今天突然有人問你感覺，你可能也會說出的是想法，而不是感覺。

我們多半被訓練表達、溝通想法，而非表達、溝通我們的感覺，彷彿談論感覺就是不理智、不成熟。所以即使有些孩子都知道父母離婚也還是愛他們的，例如那些爲爭取孩子的監護撫養而爭吵的父母，但孩子們沒機會說出自己的感受，或是不敢說、不知道怎麼說；怕造成父母的困擾，就不、被、愛、了。

其實他們困惑、擔心、難過自己的境況，也不肯定自己值得被愛。

直到我問：「你看到爸爸媽媽不再相愛，所以你怕他們也不再愛你嗎?」

他們就會嚎啕大哭，好像按到一個開關似的，哭得語無倫次，我就靜靜地陪著他，一邊輕撫後背，等他們抒發完壓抑已久的悲傷恐懼。希望透過這樣的陪伴，讓這些孩子體驗到，在這世界上還是有人願意停下來聽你說話，你是重要的。

但「知道自己是有人愛的」而感覺好過，只是讓自我價值寄託在別人對自己的愛上，終究還會失去對自己的信心。我希望他們能確知到「我知道我自己的價值，我的價值跟別人愛不愛我無關」。所以，我試著讓孩子們知道，並不是世界上的人都愛你，就如你也不是喜愛所有的人，而且，無論再討厭或是再喜愛，人終究有離開的一天，你愛的、你不愛的、愛你的、不愛你的，終究都會離開。那麼我們在世活著時要在乎什麼？我們要學習什麼？要放下什麼，才能讓我們的「活著」可以很美？

如果是自己要被分手、被離婚的時候呢？

我知道要面對自己是不被愛，或者至少不是以自己希望的方式被愛，一開始是非常困難的。但不需要否定自己的選擇，要知道，基於我們知道自己是怎麼樣的人，我們能體驗到的、能帶走的、留給人的就會是什麼，所以我們會有志同道合走一段路的人，有一些人也會在最適當的時機離開；因爲想法變了、機緣來了。

人來人往、緣起緣滅都是自然而然會發生的，並不是因爲你不好，也不是他不好，只是你們要去的地方不一樣，無論你遇見誰，他都是你生命裡該出現的人，都有原因，都有使命，絕非偶然，一定會教會彼此一些什麼。

喜歡你的人給了你溫暖和勇氣，你喜歡的人讓你學會了付出和自持；你不喜歡的人教會了你寬容和尊重，不喜歡你的人讓你知道了自省和成長。

沒有人是無緣無故出現在你生命裡的。

所以也不需要否定當初的愛過，不需要否定對方的愛過，真心愛過就感謝也祝福彼此吧！

曾經兒子說了好多讓我心疼的話：

「媽媽……我的心好痛，我不想爸爸跟別人結婚。」

「媽媽……愛爸爸，是世界最難的事了。」

「上帝怎麼還沒讓他們知道他們這樣不正義？」

「我們還要等多久？我是想要溫柔的爸爸回來，不要凶媽媽的爸爸回來！」

我無法告訴兒子，他等的爸爸何時會回家？

我想到自己以前等爸爸回家的心情，對他有滿滿的心疼，但我不知道能說什麼，才是對這孩子的心做健康的撒種澆灌？

直到我們走到公車站等車。

突然神給我靈感對他說：「我們爲什麼會願意等三十分鐘的公車？因爲相信告示牌上說的。神說的在《聖經》裡，我們知道神是信實的。所有的人都可能說謊失約，但神絕對不會！你願意向神禱告嗎？」

兒子又說：「我等得好辛苦啊！會覺得不想禱告了！」

我又說：「是啊！有時我也會。那今晚我們一起等，邊等邊聊天是不是感覺等待的時間過得很快呢？我們倆跟耶穌就是同伴。任何時間都不是獨自一人，我們都有耶穌。」

雖然我從小沒有父母親教導陪伴，沒榜樣可看，但我看過生命美好的老師，相信我有能力給兒子足夠的愛。

最後我告訴兒子，儘管現況父母不再相愛，但他是在父母相愛的時候來到這個世上，帶著父母的期待祝福，被歡迎來到這世上的。

那晚，他哭得久久不能自已。

我也是。

我發現，每次我爲人栽種愛的時候，也是我被神的愛療癒的時候。

或許給出愛，也得到愛，這就是最好的自癒方式。

很多人問我：「怎麼告訴孩子爸爸不回家這件事？」

我不知道說什麼最好？但神會看你的動機。

你要想的是，孩子在聽完了以後，會對他的人格造成什麼樣的影響？

他跟他的爸爸關係會有什麼樣的影響？

在過程中要不斷地學習放下，放下可能會想報復、想要他們最好不要聯絡的念頭。

冷靜想想，要孩子跟親人斷絕聯絡，對孩子傷害很大。

希望父母們可以檢視動機，也站在孩子的感受去想，再來決定該如何將父母離婚這件事情告訴孩子。

停、看、選擇

人是有情緒、有感受的，當你感受不舒服時，可以停一下，看一看發生了什麼事情，爲什麼會不舒服？

有些時候，委屈是自找的，自己決定那是個委屈的感受、委屈的意義。

換言之，可以有其他的意義。

如果是眞的委屈，也能利用這委屈當作肥料，滋養自己的生命，再重新做出選擇。

不要太快反應，可以慢一點；慢一點的貼標籤，慢一點的分類，多一點的跟自己的情緒在一起，看看自己發生了什麼事情，再做新選擇。重新選擇是一個很棒的方法，事情都是有轉機的，只要你換方法。除非你發自內心不想要。

至於伴侶外遇了，自己該如何面對？

我一開始發現丈夫外遇時，給了自己一個月難過的時間，告訴自己這個月盡情傷心，一個月後就要停止，雖然下這個決定時根本不知道要怎樣停止難過？結果，只傷心了一週。

原因很簡單：因爲必須拼命賺錢撫養孩子，而傷心會讓我一點事都沒法做，我沒有那麼多時間沉溺於傷心。同時對於自己在婚姻中「如果不這樣做而那樣做，會有怎樣的不同？」有更多省思。

從每個事件都可以看見情緒能被管理、創傷帶來更多的省思。

在這裡我不鼓勵、不討論，一個人遇見傷心，要經歷多久才是正確的。

因爲不論傷心多久，都是一個神聖歷程。

面對伴侶外遇的反省也不是爲了「回到過去，意圖改變對方意願」，而是看清楚自己在情感層次上的問題，包括自己的過往創傷、不安全感、不信任、任性，在過程中扮演怎樣的角色，不是順著一般社會邏輯簡化爲「男人不負責」（必須澄清的是：這種說法不是在責備誰，我是在說「作爲一個人，要怎樣面對一段感情」）。

人若不知道自己的價值，跟別人愛不愛你無關，就會很需要確認自己是值得被愛的，自然就會把周遭的連結變成——如果他這樣子對我，他就是愛我，或是這樣子就是不愛我？再擴大爲結束一段關係就是自己不值得被愛，離開就是自己失去價值。

這些都是自己的定義，那不是「事實」。

人是隨時在改變的，所以可能毫無心理準備就不被愛了；但更可能你自己也有一些需要好好想想的地方，但這都無損於「不被愛」是「人生中的其中一件事」的位置。

你可以看見的是付出時若是甘心樂意的，你已經享受你是能夠付出的人。

如果你今天要送一個禮物，你是希望收禮者開心，不是希望他覺得感恩，然後一直待在你的身邊。你不是用付出來交換他對你的付出的，你是在享受自己是能付出的人，也享受他對你的付出；這樣才是健康的關係，這樣他才會很自然的享受你的付出。

讓他走爲什麼要祝福他？

祝福離開的人並不是讓他得了便宜，而是我們要鬆綁；他有他的世界，我也有我的，不再跟他綁在一起。另外祝福是一個轉化的行動，願意去祝福離開的人，你才有新觀點去放下那些緊抓不放的負面情緒。

感謝彼此曾經的付出，祝福他接下來的日子順遂。

能夠祝福人是很平靜的境界。

在所有事情上更重要的是看見自己的心。

我們的看見、領悟通常都是痛苦得來，不然就是學習來的。

學習走進別人的心裡，也開放自己讓別人走進你的心裡，自然會有很多的領悟。就像醫生會治病，他不一定要生很多的病，他只要知道這個病要吃什麼藥會好；但他痛過、病過，就不只醫治疾病，還能醫治人心。

我很喜歡領悟後平靜的感覺

經過練習，平靜安穩是可以很長久的，一個可以平靜安穩的人，內心比較強大，比較容易看到核心和本質，可以有一些超越表象的領悟。

每件事，都影響人生，而怎樣看待、處理這些事，就決定了人生的樣貌。

「你怎樣處理不被愛了這件事，決定你會變成怎樣的人。」

「不被愛了」這件事，對於人生的覺悟與理解包容彼此是充滿力量的。

願我們做一個更寬廣、更有力量的人。

NOTE

23 承認感受

你喜歡自己有很多情緒感受嗎？

曾經我很討厭自己怎麼有那麼多的情緒感受，不但連自己都搞不懂自己，也深受情緒感受所苦，日子也辛苦；賺錢都來不及了，還談什麼花時間認識自己？便宜行事的逃避，有時看起來貌似高效活著。

不願意承認自己的感受，特別是不願意承認自己脆弱，多半是因爲覺得堅強是好的，而脆弱是不好的。說出來萬一不被接受、被人擔心誤解、造成麻煩、添加困擾、感覺丟臉、不習慣被關心，這些感受溝通起來太費時耗力、太麻煩了，乾脆自己獨自面對處理，即使孤單難受，至少也要讓自己覺得堅強。至於那些搞不懂的情緒感受，久了也不想搞懂了，直接逃避。人是很容易進入省電模式的。

過去的傷，沒有被照顧癒合，長大以後，被人有意無意的碰了，就痛得哇哇大叫，逐漸活的像一張氣泡紙，隨便都能按到氣泡。疼痛是很好的保護機制，避免人類危害生命的機制，所以人在患難時，會覺得心痛、悲傷、憤怒、恐懼、說謊戰鬥、大腦當機、遺忘記憶、情緒抽離、批判譴責、傷害身體，這些都是受傷時，還沒有能力處理的反應。

但是後來的你長大了，你可以轉換觀點，不再容易受傷，也可以試著做新的選擇，下一次的疼痛反應出現時，試著想起哪個傷還沒好，像是被光照出來一樣，不再逃避而是療癒。

療癒過去的自己，也是照顧好現在的自己。

害怕受傷時，自我會設立保護自己的信念，然而信念，是需要檢查是否繼續保持？有些信念我們也許已經不需要了，但我們沒有發現，只是活在無意識和慣性的本能反應裡。發現得越多，你的懼怕、信念才越有機會重新選擇、重塑信念。只要活著，這些都會是每天發生的事情。固定信念也好，限制信念也好，信念的建立都是根據價值觀，而價值觀的建立，是根據你的觀點，你的觀點則是根據過往經歷而建立的。換句話說，你的信念大多是根據你的體驗建立的：曾發生在你身上而建立的，又或者是被信任的人建立的。

誰建立的不重要，重要的是有沒有被你審視。

我有個學生害怕老公不愛她，她覺得自己沒有理由讓老公可以永遠愛她。

但她覺得愛孩子不需要理由。

我們聽任何人在說話的時候，都要留意他的信念，再來看這個信念是爲什麼而建立的。

是什麼信念讓她相信「愛小孩不需要理由，可是她老公愛她需要理由」。

這裡面可以動搖的地方在哪裡？我就問她，愛需要理由嗎？她說需要。

那愛孩子呢？她說，愛小孩應該是天經地義的，因爲她有體驗到父母很愛她，所以認爲愛小孩是天經地義。

對她而言，大部分的人都愛自己的小孩，但這是絕對的嗎？那可不一定。

所以她的信念建立在普世價值，也建立在過往經歷，她遇過用心愛過還是被分手的戀情，所以認爲自己需要一個能被永遠愛著的理由。

然而眞理是，你若是可以完全的愛自己，你就可以完全的愛一個人，愛到底。當你完全愛自己，你不會擔心失去愛或者失去被愛的價值。我們很難練到完全的愛自己，但可以練習愛自己、減少向外索取、增加向內尋見自己。

如果以「我們都是靈魂」這個角度來看的話，我們都是靈魂，我們都是能量，我們根據我們的意識、我們的想要、我們的相信而活著。會害怕，是因為過去發生一些事情，那個體驗是不舒服的，然後我們想要避免再次發生那樣的體驗，所以才會建了一個「我不要」。

小孩子是不知道害怕的，小孩子的恐懼害怕都是大人告訴他「這個危險、這個可怕、這個不能做、這個會受傷」，如果他不聽，就會被處罰；換言之是用身體記住了「我做這件事會痛」，身體的細胞幫你記得了，所以你就建立了怕。你已經不是小時候的你，不再需要那些信念保護你了，你可以重新定義，重新檢查現在還需不需要活在那樣的信念裡。

其實好多信念都是別人幫你建立的，你的父母、你的學校、你的同儕團體，甚至你的老闆、你的競爭關係裡面幫你建立起來的。有些信念讓你活得很好，有些就讓你活得很辛苦。比方說，我以前有個信念就是「我們要犧牲奉獻」，那我就活得很犧牲奉獻。所以如果你沒有檢查你每一個信念讓你有怎樣的行為模式，就是活在慣性而已，如果都不檢查，它就會變成自動化行為。這跟在滾輪上跑的天竺鼠有何區別？好消息是，只要願意檢查，它就可以重新拆解，重新建立。

舉例來說，我們會怕別人不喜歡自己。

你一定會有這些的經歷：你做了這些事被嘉獎，做了這些事被討厭。可能小到你帶了玩具去學校，你很喜歡自己的玩具，然後別人要跟你借，你不想借他，然後同學就不喜歡你、不跟你玩了。不跟你玩會讓你感到難過不舒服，於是你建立信念：我要當個好人，我要願意分享才會有好人緣，同學才會喜歡跟我玩。這就是過往經歷給你的。

也有可能是父母教的，像是「你就是要分享啊」、「大的要照顧小的啊」、「哥哥要讓妹妹啊」或是「妹妹要聽哥哥的」，諸如此類的家庭教養乃至普世價值。所以要重新再一次檢查你的怕——你做一些事情不被喜歡會感到不舒服，那是從你過往的經歷建立起來的。

小時候你的活動範圍就是那些同學，你不被他們喜歡就會覺得日子很難過，所以對你而言「被同學喜歡」就會很重要；那請問現在同事喜不喜歡你，重要嗎？沒那麼重要對吧！你的生活圈越來越大了，你不需要像小時候一樣因為這些人都不喜歡自己就感到孤單；沒有那種威脅感，所以它是可以被拆除的。

會喜歡或不喜歡，其實都只是頻率而已，我今天跟你頻率接近我就會喜歡你，因為我可以理解你，我就容易看到我有的部分。

你知道愛或是喜歡的感覺是怎麼來的嗎？就是我看到我也有的那部分，而且那是我喜歡的部分。

比方說，我喜歡我是活潑的，如果我看到一個人他很活潑，那我就會喜歡他；比方說，我很愛家、很疼老公，如果有一個人跟我說她很疼老公，我就會覺得我好喜歡她。我在喜歡的是什麼？跟我「一樣」。我們不一定是眞的喜歡這一個人、這個本體，我們喜歡的是在他那裡看見的我們。當然我們討厭的也是；如果我們討厭他動作慢吞吞，肯定你自己也有動作慢吞吞的時候，而且因為慢吞吞吃過虧受過傷，所以你才會覺得慢吞吞是不好的。

倘若你的慢吞吞從來沒人嫌過你，你就不會覺得慢吞吞是不好的。就好比小孩子寫功課無敵慢，你怎麼講他還是無敵慢啊！所以都是根據自己的情境，然後得到了一些的好處、一些的體驗，接著你又下了定義，那個定義就成為你的信念，久了就會變得好像根深柢固、難以動搖。但我們要知道，所有的信念都是可以被檢查、置換的。

我們來拆解剛剛舉例的「我怕人家不喜歡我」。

所有人都有選擇他要不要喜歡我的權利，那是他的自由，我也沒有義務去讓所有人都喜歡我。這樣之後再遇到別人說他不喜歡你，你就會覺得那是你家的事，我也沒有喜歡你啊！每一次的信念建立時要記得，它還是可以被調整的。比方說，我以前很在意別人一定要喜歡我，到後來變成「我覺得不喜歡我是你家的事」，再到後來又覺得不喜歡我是你家的事情好像也不是很管用的時候，我就會再換一個，換到一個健康的信念爲止。

所以信念沒有好壞對錯，只有你舒不舒服，舒服就去抱著，不舒服就可以把它換掉。信念只管好不好用。所以當我覺得不喜歡我是你家的事、我就只跟我喜歡的人在一起時，我發現我的圈子變小了，就是在我脾氣最爛、常說「干你屁事、快說重點、還要多久」的時候，我就會知道我在調整，我在承受我調整後的一些漣漪。

於是我又再一次的調整，我會讓別人知道我的標準，不要讓別人踩到我的地雷。過一陣子我又調整，我爲什麼要那麼多的地雷？這樣別人會覺得我很難相處，就開始把注意力放在拆我的地雷。我意識到「我不舒服就知道這是我的地雷」我就把它拆掉，不要讓任何人都可以這麼容易的讓我不舒服，我不要活得像氣泡紙一樣，很容易炸。

我們都知道情緒是根據定義而產生的，我最近就拆過一個滿有趣的地雷。

剛跟保羅在一起時，他常會對我說「滾過來」、「滾過去」。

第一次聽到他這樣說時，我心想：這個人怎麼這樣講話？好沒禮貌！但我是受過訓練的，絕對不可以自己忍耐內傷，一定要溝通協調，但我要溝通的點是什麼呢？我總不可能只有說，欸你講這句話我很不舒服，這樣好像以後都不能講這句話，我覺得智慧不夠，我必須來看看爲什麼自己對這句話有這麼大的反應。

於是我開始拆解，是這句話本身令我感到不舒服，還是我對於這個人說出這句話感到不舒服？如果這句話是別人跟我講的，我會不會不舒服？答案是會，所以這不是人的問題，是這句話本身對我來說是有問題的。我接著思考，是我過度反應嗎？還是每個人聽到這句話都會不舒服？於是我問了幾個人，如果你們的男朋友對你們說「滾過來」、「滾過去」，你們會不會不舒服？有些人就說，會，但也有人覺得這還好。這時候跟你有相同想法的人，就是跟你同頻率的人，你從他們身上是無法尋求幫助的，所以我們要去聽的是那些回答「不會」的人；爲什麼不會覺得不舒服？對方可能覺得這沒什麼嗎？

你就會發現，也有抱持著這樣子看法的人。記得，千萬不要只找自己的同溫層，也要多聽聽跟自己不同聲音的意見。

但他們可能也不知道自己爲什麼不會對這樣的話感到受傷，於是我就開始冥想禱告，我就問神，我爲什麼對這句話會有受傷的反應？是我過去發生過什麼事？沒想到答案居然是在我很小的時候住寄養家庭時，有次寄養家庭的哥哥不爽我，就對著我說「滾出去」，那時候我覺得心中有憤怒，偏偏卻爲了生存無法離開，覺得自己受制於人。所以我連結到的是我的自尊被打擊，還有受制於人的感覺。我的身體都還記得，只是腦袋忘記了。我知道這是過往的經歷累積下來的，自然就知道怎麼拆地雷了。我知道自己生氣的是當時的那個哥哥，而不是眼前的保羅。

我們常常氣的不是眼前的人，而是那個像鏡子一樣被照出來的過往那些還未痊癒的傷口。通常越是親近的人、親密關係或是小孩才會動不動惹你生氣；其他人要惹你生氣還沒那麼容易精準地按到你的地雷，哪裡痛就哪裡按到，就像拆地雷大隊一樣。我們可以重新改寫：小時候我沒有離開的能力，必須住在那邊，那個時候的我只能忍耐。但是現在我已經長大了，我不需要忍耐。所以我只要把這個不舒服告訴保羅，跟他分享這個經歷過程，就是改寫了。我還問他，爲什麼要這樣說？他說，你不覺得這樣很可愛嗎？還躺在床上示範了滾過來滾過去給我看，我當下眞的是愣住，好加在我有問他！不然保羅一直覺得這樣很可愛，我一直得內傷，這豈不是隨處可見的劇碼嗎？

生活中所有的渴望，想成爲有愛心、溫柔、善良、能服務、能貢獻的渴望，想把事情做得盡善盡美的渴望，或是想要有錢捐助別人的渴望……如果你看得非常深，會發現這些渴望，基本上都是一種想要被愛的渴望。正是「如果你成爲你所渴望的，你就會被愛」的信念利用了你，使你處在「眞實的樣子」與「想成爲的樣子」的衝突之中。

看看你過往忍耐別人的無禮、婉拒別人的關心協助、有人發怒就緩頰、主動提供協助，但其實自己早已負荷過重。這是出於慈悲？還是出於覺得如果成爲更好的人，就會得到更多的愛？就是看見這個。如果你眞的看進你的生命，可能會發現你從來沒有全然被愛的經驗。

在這世界上，沒有人可以說他們無條件的被另一個人所愛；因爲在你內心深處有股空虛，拒絕相信你是被愛的。即使當你眞的被愛時，那股空虛感，那種對失去愛的極度恐懼，使你仍舊保持在索取愛的狀態。你需要不斷感覺被愛，因此你往往在關係中懷著占有與控制。當愛是占有與控制時，就會恐懼失去愛。你破壞了自己與別人的自由；占有或控制別人，就像把別人視爲一件家具，這導致了彼此的痛苦。你經常爲了所謂的「眞愛」而去測試親近的人，最後只感到不滿與憤怒。眞相是你不愛自己，你試圖透過關係來滿足自己。

愛只能透過接納自己發現，因爲你給不了別人你沒有的東西。你只能對別人做你對自己做的事情；你與自己連結的方式，正是你與別人連結的方式。如果你批判自己的思想、話語與行動，必然也會對別人做出相同的事情。當你被自己的缺點所困擾，也會因爲人們的缺點而折磨他們。要與人有良好的關係，非常重要的是先接納自己；接納自己的身體外貌、童年過往、一切能力，以及所有的情緒和人格面向。除非你能夠接納自己，否則你無法接納別人。除非你能夠愛自己，否則你無法愛別人；所以寬恕自己，也寬恕他人。

或許你會質疑，錯的是別人，爲什麼我要寬恕他？

因爲寬恕別人，不是爲了別人，而是爲了自己。

大多數外在世界的問題，都是內在的傷痛所引起的。

如果一個人沒有寬恕，他的內心會一直承載著另一個人，那個人就控制了他的生命；雖然他們離得很遠，甚至離世了，但當一個人無法忘懷某個情境或人，無論他試著做什麼，過去都會持續縈繞在腦際，他永遠無法獲得平靜安穩，熱情感恩的活著。此外，當一個人有強烈的傷痛，奇妙的是，無論他去到哪裡，都會遇見同類型的人，直到完成療癒爲止。舉例而言，你討厭易怒、愛挑剔的人，在你的生命中，就會遇見脾氣不好、愛挑剔的人，那正是因爲你藏著一份傷痛，直到你完成這個學習之前，生命都會持續發生類似的情況。

一個人一旦「全然體驗」痛苦與傷害，傷痛就會消失，寬恕就會發生。不是逃避痛苦、合理化傷害、對痛苦冷漠，而是去承認痛苦的一切，它在那裡，那就是痛苦。對於痛苦在生命中的存在，完全沒有任何藉口或理由。

寬恕是個內在的過程，不能與一個人在外在世界可能採取的實際行動混淆。需要做的是去體驗內在的傷痛與憤怒，當你體驗後，你會得到平靜，於是你就可以沒有任何內在的怨恨或批判的，對外在情況做出自發性的反應。必須記住，任何出自於傷痛或批判的行動，只會導致更悲慘的情況。

僅在心智上瞭解這點是不夠的，必須落實在生活中。最初可能有一點困難，但是必須找到竅門，就會很享受做這件事。因爲外在世界上僅是反映了內在世界強烈的情緒，例如傷害或仇恨，會導致財務問題、健康問題與人生中的失敗。當一個人瞭解缺乏寬恕所導致的嚴重損失，他就會瞭解寬恕的必要性。當你寬恕時，奇蹟就會自然發生，恩典之門就會開啓。

接受自己的軟弱與無知是輕鬆且重要的，不再活給誰看，將有更多機會繼續去探索成長，才有「知」的可能。知之爲知之，不知爲不知，是知也。這也是無明到清明的必然過程，儘管我們可能終其一生都難以清明，所以神也應許祂的恩典在軟弱的人身上才得完全。人若不知／不認自己爲軟弱的，自然抗拒神的恩典。

向內尋求吧！一旦與自己和平共處，幾乎在所有的關係中都能找到平靜。當你可以看見自己、接納自己眞實的樣子、愛自己眞實的樣子時，很自然的，別人就會看見你眞實的樣子、接納你眞實的樣子、愛你眞實的樣子。

外面的世界，向來是你的自我召喚在你眼前的。

許多父母（主管）抱怨孩子（下屬）不聽他們說話，但事實是他們在意的是「不順從他們的意願」，很多人的溝通模式要的只是對方必須按照他想要的方式做，而因爲我們不喜歡承認自私，就會使用較好聽的語言，包裝這種自我中心式的要求。

所以我們必須誠實自省，當我們抱怨人不聽我們說話時，我們也有聽對方說話嗎？我們能按照對方想要的做嗎？

傾聽，才是溝通的主要元素。

我們傾聽，為要幫對方用「更精準」的語言，「更貼近」他所想的方式，「重新表達」一遍。換句話說，對方說半天就是說不清楚自己要什麼，我們藉著傾聽，跟對方討論如何更貼切地自我表達。

當一個人感覺到，藉著我們的幫助，能好好地把自己的意思表達出來，那麼，這種被理解的感覺，就會讓他覺得被尊重，情緒能更穩定，思考通常就比較有彈性，討論出來的方向與決議才有共識。

既然懂這麼多技巧，怎麼會逃避實務操作呢？自己的孩子自己教，孩子可以沒有叛逆期（除非你認為不合你意就是叛逆）。下次若你問我：為什麼孩子（配偶、下屬）不聽我的話？我會問你：你傾聽了嗎？

傾聽不容易，會有許多阻礙。人很容易融入「自我」經驗，因此辯護、解釋、更正、回擊，甚至述說另一種故事版本。但我們可以把握三不原則與先後次序：

不批評、不打斷、不給建議。

先聽出對方要說的、協助對方說得更精準貼切，「先同理並提問」他的感受，確定他的想法感受已表達完整，「後處理並尊重」事實部分，瞭解他希望如何處理並提供協助。

改善關係的關鍵是什麼？

首先，別人是如何，一點也不重要；重要的是自己內在發生什麼。實際的問題在你內在：就是你不知道自己眞正是誰，你從自己逃離。

當你可以逐漸開始看見自己的內在，接納它、愛上它、不去批判譴責它、評論好壞對錯，就是看見它。然後，你與人的關係就會自動改善。並不是你做對了什麼事情，而是自動改善，不用做什麼，很自然的，別人下一刻就會改變，因爲別人反應了你的內在。

所以你必須去深入自己內在，在自己身上下功夫，不是在你丈夫妻子身上下功夫，也不是在你兒子女兒身上下功夫，在自己身上下功夫，承認所有的情緒、感受，接納自己你不喜歡的部分，去接納它。

寫下新故事，要承認接納所有的自己。

NOTE

24 自己決定自己的價值

痛是無法拿出來比較的，
沒有人的經歷比較痛。

我在很小的時候，曾經有過被鄰居爺爺欺負的經歷。
那時候因爲年紀太小，還沒有上幼稚園，根本不知道什麼是性侵，更不明白鄰居爺爺脫掉我的內褲之後對我磨蹭是在幹嘛？留下的只有毛刺刺的，很不舒服的印象。事後鄰居爺爺拿錢給我，叫我去隔壁雜貨店買糖果，我也眞的就去買了。一直到第二次鄰居爺爺又要把我帶走，我不想，所以想掙脫，卻被抱住無法掙脫時才感到懼怕。從此以後我就會繞路避開那裡。這件事就被我收進了記憶的黑盒子裡，好久都沒有想起來了，一直到在飯店工作後，才又再次被打開。

或許是因爲還沒有勇氣去拒絕熟人傷害吧？在飯店工作那年，有次在大家都空班時，我被一個主廚叫去替他做事，那時我乖乖的答應了，沒有想太多。殊不知等我到他的休息室時，才知道原來他是要我幫他打手槍。

我瞬間當機了。

事後很痛苦，回家路上站在捷運月台超想跳下去的，但想想又覺得很不甘心，從小到大已經活得這麼辛苦了，如果就這樣跳下去，那我到底在幹嘛？我不想要這種結局，不想最後對這個世界是以絕望的心情結束。一回家我就哭哭啼啼的告訴前夫，也報警走法律程序，但這個過程是很辛苦的，創傷、陰影都少不了。當時也很鴕鳥心態不想面對，所有事情都交給前夫處理，躲起來，從頭到尾十足的受害者，對自己根本沒有幫助。

進入司法程序後，飯店火速解雇了主廚，我也馬上離職了。但法官念在他是初犯，所以希望我們能夠和解。而當時我很逃避，把所有事情都交給我的前夫處理，後來就以和解收場了。

最讓我難過的是，事隔多年再回到那個飯店購物時，被一位前同事看到，居然轉頭對其他同事說「女主角來了」。當下我落荒而逃，後來越想越生氣，覺得做錯事情的人又不是我，有種被輕視的感覺。

大部分的人的自我價值都是建立在「我能做什麼」，所以考試考好、工作做得好、人際關係融洽就變得很重要；爲了要得到別人的認同，活得很辛苦。但我那時候剛親眼見神不久，已經認知到自己是神的孩子，我要做出符合神的孩子的反應，所以我決定不再逃避、不再活在陰影下，別人要怎麼對待我，是我要讓別人知道的。於是我鼓足勇氣打電話去飯店，告訴那位同事，他這樣的表達方式讓我很不舒服。

對我來說，這通電話很關鍵。因爲，我確定儘管發生這件事情，但我仍然値得且需要被尊重，沒有人可以輕視。透過這通電話，我確立自我價値，能爲自己勇敢行動，也開始比較有界線，知道要保護自己；雖然未完全釋懷小時候經歷過的那些性侵事件，但我開始走上療癒的路。

面對被性侵、性騷擾的個案，法官總會問受害者：爲什麼不尖叫、不求助？但是被性侵的個案裡，加害者是熟人的比例高達七成。從小到大，我們都會被教導說要小心陌生人，但卻很少被提醒要小心熟人。所以不僅是陌生人，也不僅是「要小心」這件事，很多時候我們在面對熟人做出這樣的行爲時，腦袋是會當機、會不知所措的。

我有一個個案，因爲前男友求復合，哭哭啼啼的打電話給個案讓她心軟，於是讓對方進了自己的租屋處。對方求復合不成，惱羞成怒，強壓個案性侵得逞。在這過程中個案雖然也喊了救命，卻被對方摀住嘴巴無法出聲，極力掙扎也還是抵抗不了男生的手勁，事發後個案也不知道該怎麼辦，只能抱著自己一直哭。

事隔一年後，前男友表現得像是決定放棄挽回個案，以朋友的姿態關心個案，讓她放下了戒心，吃了他買的食物之後昏睡，等她醒來時已經被對方壓在床上。個案向朋友透露之後，朋友馬上報警處理，才讓這件事正式進入了司法程序。遺憾的是，有人替加害者做了僞證，加害者終究沒有被制裁。而個案的家人也因爲不希望個案與前男友糾纏不清，而希望她不要再提出上訴。面對自我價値感低落，明明不是自己做錯事，卻害怕別人的眼光，甚至被家人怪罪不懂得保護自己；家人的反應成爲打擊，事後更因爲發現懷孕，必須選擇流產，更雪上加霜，成爲個案心中揮之不去的陰影。

如不幸發生這樣的事情，應該怎麼療癒自己？怎麼把自己的生活過得更好，爲生命做出新的選擇呢？

前面提的個案經歷了性侵、懷孕、流產，自我價值認同低落到谷底，對肚子裡的生命感到愧疚。直到她結婚，再次經歷到懷孕這個過程，產檢聽到小孩的心跳聲時，揮之不去的陰影又浮現心頭，懷孕前期時不時就會感到恐懼。慶幸的是她的丈夫願意給予支持與陪伴，她在懷孕期間身體也沒有太多的不適症狀，小孩出生後健康愛笑，她才逐漸地被療癒。

最重要的是這位個案也在後續做了一些身心靈的療癒，願意覺察、放下受害者的角度，找到自我價值，知道自己一樣可以過得好好的，值得對她更好的人，也對自己的生命負責。

也提醒大家需要更有意識的自我保護，不管是熟人或是權威人士，盡可能不要單獨跟異性在非公開場合相處。

可能是因爲我有過這樣的經歷，所以也很常遇到被性侵的個案。回過頭就會想，雖然當時很不舒服，但走過之後，生出來的勇敢很大，奠定的自我價值不會被撼動，去安慰、鼓勵、陪伴別人時也很能感同身受。

因爲如此，對於發生過的這件事，我也比較能釋懷。人生就是這樣。

痛苦是不用比較的，沒有誰的經歷比較痛。

我們對自己的療癒要有耐心，只要願意面對、尋求協助，傷口終究都會好的。

神也都會補償，在我們確立自我價值之後，再遇到的伴侶心靈都是比較健康的。

NOTE

25 課題都是生命的祝福

神是允許人低潮的，
當你經歷痛苦、磨難陷入低潮時，
不需要自我苛責，因為神正看著呢。

第一次遇見 Kyle，是在我生命靈數課程上。她學得很快也很樂意分享，協助其他同學跟上進度。

我觀察到，她是位聰明、溫暖、又有點假裝堅強的孩子，害怕別人眞正走進她的心裡。於是在下階段的生命靈數課程，便安排冥想體驗，並告知大家能在冥想時接觸到自己的守護神（因爲本來就有，只是一般人看不見）。

過程中，我便看見 Kyle 淚流滿面，事後我請她跟大家分享剛剛發生什麼事。

Kyle 說：33說可以遇見守護神時，我只是抱持著好奇又半信半疑的心態，想看看我的守護神長什麼樣子（畢竟自己一直以麻瓜自居，有這麼簡單看到?!），在33的帶領下，剛剛守護神眞的出現在我面前，祂說了一句話「我知道你一直很努力，沒關係，我會陪你。」讓我有一種自己低迷卻假裝堅強，被看破、被理解的感覺，我才感動地痛哭出聲……

原來她一直活在自己的高標準之中，外表光鮮亮麗、活潑開朗，是一些人眼裡的學霸、人生勝利組，但內心有個只有自己知道的黑洞——「害怕不被愛」。所以認爲只要她夠好，就會一直被愛了吧？因而不斷地鞭策自己符合人們口中的「好」。然而表現越好，就越害怕身邊的人對她的愛是因爲她所呈現的好，一旦這些條件消失了，那些人也會離她而去。就這樣，因爲「害怕不被愛」的黑洞而變好，但更好的同時又滋養著黑洞，更加害怕自己不夠好，無限循環地活在壓力與焦慮之中。

後來她追溯黑洞的起源，原來來自孩童時期大人的打罵教育，以及媽媽常掛在嘴上的「如果你不乖，我就要丟下你跟爸爸離婚」。種種的威脅與不安全感，讓她以爲「所有的愛都是有條件的」，始終無法相信最親近的人會無條件的愛她；甚至常有「我不知道活著要幹嘛？」「這世界少了我沒差？」的想法，接著又對自己消沉的想法感到自責，

「我應該要正面積極」，這樣的矛盾想法使她混亂、糾結、自我懷疑，上了許多課程，也嘗試過許多努力，依然無法解套。

直到遇見守護神，才瞭解到祂一直都陪伴著自己；神允許人低潮，在瘋狂自我苛責的時候，神會拍拍頭，告訴她「你已經夠好了」。冥想的過程中，她也突然領悟到媽媽當年處境的痛苦，若與媽媽易地而處，她自己都沒有把握可以爲了孩子繼續一段不幸福的婚姻；但她的媽媽最終還是因爲對孩子的愛，沒有丟下她，用盡所有可以給予的一切，造就了今天的她。她突然非常感動，媽媽至今也一直都在包容她的任性與脾氣。她也看到了父親，一直在用他能做的方式愛她，只是過往的她感受不到。

當她體認到這些時，突然一切都解套了！我本來就值得被愛，我只需要成爲我的樣子，即使我偶爾任性、偶爾害怕膽怯，這也是我，還是有神、有人愛我。

後來 Kyle 對神很感興趣，就接著上我的催眠課程，我們挖到了更深的信念；以下就是 Kyle 的自述：

小時候因爲爸爸做生意失敗又替人作保，有很長一段日子寄人籬下，住在外公與舅舅家。還是小孩的我，隱約可從大人口中知道發生了什麼事，那些竊竊私語和眼神都讓我不舒服。更何況還有公然的大小眼：外公曾帶著我跟表妹去雜貨店，但是偏心地只有買飲料給表妹，沒有買給我。

那時候物質缺乏，有零食吃是很珍貴的事情，還記得媽媽買給我一條飛壘口香糖，我捨不得吃完冰在冰箱，結果被我表妹（舅舅的小孩）吃掉，我氣沖沖跟她理論，吵不過我的表妹頂了一句「不然你滾出我家」，明明應該理直氣壯的我只能啞口無言，跑去跟媽媽哭訴，但媽媽也只是要我忍讓，因爲我們寄人籬下。

當時的我，感到非常生氣也非常委屈，明明是我被欺負，最後卻要我退讓；那段日子，這樣的偏心與不公平待遇不勝枚舉。有一次我還氣得拿起紙筆蓋手印，發誓等我長大要賺大錢，要讓這些人以後在我面前抬不起頭。

這樣的童年歷程，讓我成長過程中每當遇到委屈或不公平的事情，即使氣得要命，都還是習慣忍讓；因爲已經被植入「就算我反應也不會被在意」的信念。

後來我學習向表妹表示：舅舅對我們的照顧和仁慈，我有能力自然會報答他，並不代表你可以不懂禮貌。我們的地位也不應該因爲這樣而有高低之分；也同時對我媽表示，當時我很需要她爲我挺身而出，而這樣的忍讓，對於表妹的人格發展也沒有幫助。

這一次，我選擇爲自己站住立場，也理解到此刻的我已經長大，可以保護自己不受欺負。至於外公呢？在有了「我值得被愛」的底氣以後，突然看很開，就跑去找我媽買飲料給我啦！我深刻體會到何必糾結在那些不愛我的人，還是有很多人愛我啊！後來也理解到，過往的自己常把其他人的行爲、情緒連結成：我不夠好、我不值得被愛，開始不由分說地檢討自己，然後陷入情緒的低潮久久難以回復；但其實這就是「那個人依據他的價值觀所呈現的樣子」。

當從心底理解這件事，並療癒過往的傷痛後，現在的我面對事情就能夠平靜且中立去看待。

在我的人生中，談戀愛的戲分一直很少，一直以爲是自己不想負責任，一個人很自由、很好。催眠時看到前世我的愛人離我而去，我痛哭流涕，悔恨不已，心臟像被緊緊掐著一般難受。我對著她說：未來我們都要爲自己勇敢。爲什麼要勇敢？醒來後才發現，自己在親密關係的意識深處因爲害怕分離、害怕失去而無法前進；我再度將有人離開我就等於「我不好」連結——因爲太害怕失去關係讓我有「我不夠好」的感覺，我下意識的從一開始就拒絕擁有太親密的關係——這不僅僅是表現在親密關係，在日常與人交流中，即使談笑風生，我的心總是設立了一道道彷彿進擊的巨人的城牆，不願讓人太過靠近。

原來我是害怕分離、害怕失去，不是不想負責任！

因此我對每一個生命的交會下了新的定義：人生像一條線，每個相遇都讓兩條（或數條）線交會在一起，每一個交會都播放著屬於他們的電影，我們無法掌握人生的交會能有多長，但我們可以掌握讓這些電影盡可能的精彩、動人。

現在想起來，每次分手我都追問前任我哪裡不好，他們也都說沒有不好，只是要去的地方不同；我當時總認爲是場面話，眞的是很不放過自己（笑）。

想想自己，眞的自我苛責成習慣，甚至卡關時也會忍不住想，都已經上這麼多課／鍛鍊，怎麼還這個樣子？

冥想時，突然一個意念進入腦海：「我喜歡有課題的你」。我突然領悟到，事件引發我看到自己的課題，穿越那些負面情緒的迷霧後，就很能支持到別人，看見自己的力量。

雖然以前也知道這個道理，但這次的感受比以往更加強烈，我相信這是神對我的帶領：祂讓我看見「課題都是生命的祝福」。

NOTE

寫下新故事

26 離開痛苦的舒適圈

什麼是舒適圈?

「舒適圈」是指所有人都生活在一個無形的圈子裡，每個人在圈內有自己熟悉的環境、人、事。任何一個人，只要是與認識的人相處，做自己已經會做的事，會感覺到安全。

———•———

但又常聽到一句話：「離開舒適圈，才能變得更強大，成爲更好的自己。」

爲什麼人要走出舒適圈?

我在壽險業作講師時期，經常鼓勵人們離開舒適圈，成爲更好的自己。

不少年輕人甚至有中年高階主管問過我類似的問題：如果我是一條魚，不論我周圍的環境是魚缸還是池塘，甚至大海，我就是一條魚，爲什麼要走出舒適圈？對於中年高階主管來說，則是多少人要活得安心就不容易了，爲什麼要離開得來不易的舒適圈？

對年輕人，我會說機會成本，也會說環境將決定著一個人是否能夠變得獨立和強大。舒服的環境會限制人的成長，而讓自己感到不適的狀態，卻能帶來不斷成長的機會，藉此引發他們對自己的夢想，與對人、對環境的願景，讓他們看見自己就是個影響力中心、意見領袖，他們的多元與自由是能讓世界更好的創造力。

對於不容易放棄現狀的中年高階主管，我會說走出舒適圈，是爲了讓自己對待任何事情態度更從容，格局更廣闊，對未來有更多的期待，對後代有更多的貢獻與傳承。

幾乎每個年輕人都會被挑旺信心，因爲年輕人相對勇於追求自我。

在這當中我也看見，當有個可以跳出舒適圈的機會來臨時，有好多人又不禁會質疑是否自找麻煩？

你眞的願意走出舒適圈嗎？

我想關鍵不是在於你能否相信跳出去後會更好，畢竟會否更好是個未知數，也是自己要創造出的結果。比這些更優先要考慮的是：人活著是爲了什麼？你在舒適圈裡眞的舒適嗎？還是僅僅因爲「習慣」或「沒魚蝦也好」的心態？還是爲了某些原因死撐著？而這「原因」可能有時連你自己都不知道。

明明付出很多、獲得很少，成就感少、自尊心也被打擊的各種想離開，但是不敢離開，因爲相信不能離開。爲什麼會相信自己不能離開呢？在職場可能是因爲不能沒有這份薪水；在關係裡，可能是覺得不能沒有對方。可能是沒有更好的選擇。

那麼，我們是不是可以這麼想：之所以離不開，是因爲已經是最好的選擇。

那麼有什麼好委屈呢？

工作的痛苦舒適圈，包含工作氣氛不好、工作內容沒有成就感、薪水太少。

如果不離開，就要思考繼續待在這裡的原因是什麼？很多人都覺得不太滿意工作，但是也不離開，這就是他的舒適圈。

如果有人覺得薪水低、工作內容很輕鬆簡單，待在這個舒適圈他覺得很好，那就沒有問題。

我們不需要議論別人的薪水高低，對他人的人生指手畫腳，因爲他可能已經得到他想要的；但倘若他對工作是有抱怨的但又不離開，就比較需要去探討，爲什麼總是抱怨而不願意去創造其他的可能性？爲什麼待在原地使用原地的資源時，又嫌棄給你資源的人呢？這樣人生大戲會演得有點累，自己的人生要自己負責。

也可以想想，爲什麼要有下一份工作、下一個對象才能離開呢？

很多人回答我說：「爲了比較安穩。」

那麼願意受苦委屈，這就是你付的代價，因爲你想要換一個比較安穩的感覺。

不論工作或是關係，爲了換一個比較安穩的感覺而死撐、活著，就是活在痛苦的舒適圈。

但是你的受苦與委屈，眞的能換到安穩嗎？

事實是：當你把安穩的感覺建立在別人手上，你就注定失去安穩。

其實人是不需要委屈在任何一個狀態的，除非這個暫時的委屈是會帶來益處／好處，再從中定義這個委屈不是委屈，賦予它正向的意義。

所謂的舒適圈，是習慣的、待很久的、融入的、撐著點的地方。跟西方人很大不同的是，華人會有一種「忍耐是美德」的想法。但忍耐眞的是美德嗎？不一定。我認爲所有的東西都是中性的，所有的東西都沒有好壞對錯，要看主角是怎麼定義它的。對我來說，如果一份工作或是一段關係，學習不到對人生有價值的東西，只學到「忍耐」的話，那我會考慮離開的時機與方式。

我鼓勵人學習「耐心」，而非學習「忍耐」。因為忍耐有可能只是限制自己的膽小、壓抑，而非有目標的耐心等候。

再來「不能離職，除非有下一份工作」，不一定是負責任的信念，這可能是匱乏的信念。

如果沒有下一份工作就離職，可能會收入中斷，那收入中斷會怎麼樣嗎？繳不出帳單？造成自己的困擾與家人的負擔？覺得低頭借錢，好沒有面子？

那麼是否基於這樣的危機意識，你就在每一份工作、每一段關係都很認眞地存，存一個隨時都可以離開的自信？

害怕沒錢繳帳單、會造成家人的負擔，這些很可能是讓自己安於現狀，或是告訴自己沒得選擇、自然不需要改變的信念。人都是會做最好的選擇的，所有人都一樣，我們都做我們覺得最好的選擇，就像有些人待在痛苦的關係中、無味的工作裡，也是因為覺得已經是最好的選擇了。

人都想要避免最壞的事情發生，但是爲什麼只有避免最壞的事情發生這個路徑呢？爲什麼不能主動創造更想要的或更好的發生呢？說穿就是不願意付不安的代價、改變自己的代價。

「沒得選，只能忍」的信念如果沒有審視重建的話，就會伴隨著我們，影響到更多的方面都是匱乏，感覺活得很辛苦。

我在教學時，看見每個人的成長速度不一樣，有些人比較受教，有些人比較喜歡挑戰。

孩子長大的過程中，父母常常需要忍耐，比較像是孩子現在還不懂，但是以後就會懂，基於有信心、有盼望的忍耐；這個忍耐我覺得就比較有價值，鍛鍊耐心跟愛心。那什麼時候的忍耐比較沒價值？就是沒有看見希望，每一次的忍耐都是在貶低自己。

忍耐的動機是什麼，那個動機就會支持你，即便看起來同樣都是忍耐；你的人格跟自我價值會不會被打擊到，都取決於當下的定義。如同我在忍耐我的學生、忍耐我的小孩，但我並不會覺得我活得很沒價值。

讀書打工，遇到老鳥不想做他的工作就把事情丟給我做，那要定義被欺負嗎？確實可以。人家把工作丟給你的心態，不是要照顧、培養你，所以如果你要說這是欺負也可以。但把這件事定義成在欺負你，對你來說有什麼幫助？只會當受害者而已。我想告訴大家的是，可以不用當受害者，可以跟老鳥當好朋友；但如果不想跟他當好朋友也沒有問題，你就要讓自己強大。

有些人會覺得在沒有變強大前要忍耐，這沒有一定，只要你重新定義這件事的價值。以前在補習班教書遇到不公不義的、不舒服的事情總會先忍著，直到忍無可忍，再離職就對了。這是一般人會有的模式，也跟我們的靈魂印記或是原生家庭有關；我們的原生家庭可能有個脾氣暴躁的人，所以我們覺得忍一忍，風暴過去了就好。這就變成了一個習慣，也是一個痛苦的舒適圈，覺得忍著忍著就可以過去。

那時候還有資深老師會用高傲的姿態叫我做事情，我當時也會覺得不開心，覺得跩什麼！但我發現當我用這樣子的心情去工作時，我是不舒服的，也會影響到被我照顧的小孩子。我並不想要因為一個人的不成熟，毀了我一天的心情，這時我重新定義這件事。也因為外在的世界是內在的反射，所以我就想，為什麼我老是遇到這些很高傲、很跩的人？像這樣有點權力、有點資歷就會塞事情給我做，或是對我講話不客氣的人，其實不是第一次出現在我的人生裡了。雖然「離職」也是個選項，但對當時的我來說，是最後的選項。

於是我開始思考如何轉化這環境對我的影響力，簡單說，就是去衡量在這份工作裡，我的付出與我的獲得比例。重新評估這件事，就不是爲了他而離職，而是要待到自己有更想去的地方才離職，我是爲我的人生而活，不是因爲別人如何對待我而影響我的決定。

如果我一再遇到這樣子類型的人，那我要學的是什麼？

立場堅定還是學習去同理他，哪個對我來說會是比較有價值？

我把這件事情放在禱告裡，禱告神讓能夠開我的眼，讓我知道怎麼欣賞這一個人，也要看看爲什麼他會出現在我人生的劇本裡面。

突然被神啓示而有一個念頭是——我害怕衝突。

因爲害怕衝突，所以我就會遇到類似的場景——直到我知道自己的價值，不去討好別人，不去害怕別人的眼光——我才明白原來我要學的是這個。在他把工作丟給我或是他講話態度不好時，我其實是可以反應的，但我當下都不反應的原因是，我覺得自己的位置比他低，所以就不敢講話；我也發現當我把自己放在什麼位置時，也會影響我的信心和表達方式。

後來我就調整成，我在工作上面雖然職級比他低，但不代表我整個人都低於他；我工作的職責是協助營運，不代表我這個人的價值是低於他的，所以他可以叫我做協助他的事情，但是他的態度要好，我終於明白了這就是設立界線。以此類推，我可以看重自己的價值，拒絕受制於別人的不友善。

當有人不友善的時候，那是他的選擇，我也可以有我的選擇。我可以不生氣但是又堅定的表達自己，無論如何我都爲自己的情緒做選擇，也承擔選擇。

當我被使喚時，我就重新定義這件事。但我一開始的定義比較低層次，就是認爲這個人沒教養，所以他講出來的話就是沒教養的，不干我的事。但這樣的定義是沒有愛的定義，所以我就慢慢調整，從禱告中找到可以欣賞他的地方。

後來就發現他雖然對同事不好，但他對某一個小孩很有耐心；當然我們也可以說他是偏心，但如果我這樣想的話，永遠都不會欣賞他的，我要去正面的定義。雖然他們沒有血緣關係，但他有好好的照顧這個小孩，我就找可以嘉許的點去嘉許他，再來最辛苦的是對他保持好奇心，不要把他當作討厭的同事，而是覺得神就是把他放在我生命中一段時間，有沒有可能我可以欣賞他？

透過我願意欣賞他的時候，我學到了過去我沒有學到的事情——他對待小孩有他自己的一套方法，這也是他在這個領域待了很久才有的知識與心得。對於才去幾個月的我，就可以看到他累積多年的心得，當時就覺得賺到了。雖然我在幼稚園的時間不長，但我培養了很多帶小孩時的放手和對小孩的欣賞與耐心。

把焦點放在自己身上，知道自己做這份工作要創造的是什麼？將來離開這裡能帶走的是什麼？而帶走的是以後還用得到的美好回憶。

我們可以檢查自己，做事情的動機裡面有懼怕時，那就不是愛，因爲愛裡沒有懼怕。如果我們要指證一個人，覺得他這麼做眞的很不行，但當你去跟他說時，你不會害怕破壞關係，那這樣是最好的。但當你怕破壞關係就不去溝通的話，那你要去覺察的是，你爲什麼害怕？可以覺察到自己爲什麼害怕就很有價值。

我們不是要考慮這個事情我要說不要說，永遠都要選擇說，只是要選擇怎麼說才可以達到好的效果。

另外在職場裡還有最大的學習是，不要用自以爲的方式去愛別人，要用別人需要的方式去對待他。

職場上你有沒有看過一些人，他不太會做事，可是人際關係都很好、很開心愉快，遇到有升遷機會，很可能就會升他。當然也會一直遇到攻擊批評，認爲他做的事不多，爲什麼可以升遷？

但這些批評和攻擊，並不會影響到最後的結果。

在同事眼中做事少的人，卻因爲嘴甜，和老闆的關係十分好，雖然只是員工，但也會換位思考，站在老闆的立場來思考事情，如此一來，一旦有升遷機會時，老闆會想到的是誰？當然是這位在同事眼中不太會做事的人啊。

對他來說，同事討厭就討厭，對他來說，「工作是爲了養家活口不是爲了要交朋友的」，所以，是不是每個人都喜歡他，並不重要，重要的是，重要的人可以看到他，並喜歡他，這樣一來，機會就是他的。

我覺得人生很多的場景都是在學習成爲一個圓滿的人，當你是圓滿的，就不容易覺得自己是被欺負的、是低價值的、很受害的。

自己的圓滿很重要，我說的圓滿不是指完美，不是什麼都第一名，而是在這樣的情況你是平安的，在別種情況下你也是平安的。別人升遷你會爲他喝彩，你爲他的生活可以更好感到開心，即便升遷的不是你；假設升遷的是你，你也是平安的，不會驕傲的覺得自己升遷很偉大，而會覺得升遷就是嘉許自己的努力有被看見，這種平安是可以維持能量穩定的。

在工作上不需要無縫接軌，如果無縫接軌，就沒有空白的時間去提升自己或是沉澱自己，人的提升跟沉澱自己是要同時發生的，沉澱自己的同時你就可以提升自己，這是很重要的。所以工作不需要無縫接軌。從早忙到晚不是好事，這樣會沒有力量、沒有心思去做改變，即便事情都做好但能量還是低的，所以不能太忙。

每個階段的信念不一樣，每過一段時間，我就會檢查自己的信念，看有沒有因爲這個信念讓人生更好，如果沒有更好，我就會換信念。

最開始的信念是「燃燒自己，照亮別人」，就眞的很燃燒自己，後來就換成「照亮自己，照亮別人」，誰都不要燃燒，大家都好好的活著。

我會留意當別人說他在犧牲時，爲什麼覺得自己在犧牲，爲什麼又要犧牲？去與他談論他的信念。人在講犧牲的話，某種程度可能是覺得自己委屈了，但我要客觀中立的說，你是在付代價，這不一定是犧牲，因爲任何事情都有代價也都有價値，如果你去看見那個價値，把它連結那是你想要的，你會比較甘願付代價。

比方說，A先生覺得同事做錯事都是自己在收拾殘局，他覺得對方的態度不好讓他很生氣，我會詢問說他在氣什麼？他會說氣同事做錯事。可是事情解決了，爲什麼還要生氣呢？他會說氣他態度不好。那他是要解決事情還是解決態度呢？

明明在意的是同事態度不好，可是去溝通時卻不是溝通態度而是說他做錯事，並沒有把眞正不爽的點講出來。

可能「我不喜歡你的態度」這句話他講不出口，那就要爲了講不出口而去承受這個後果，因爲你沒有溝通你眞正不舒服的點。在意態度就去溝通態度，在意事情就去溝通事情，A先生去很多地方都有新的問題發生，他也一直在解決新的問題，但他就是不會開心，因爲A先生在意的其實是別人態度不好。

人其實都在意態度的，在意什麼就去溝通什麼，不要當好人，不要因爲不想要覺得自己比別人低等就選擇不說，有誰規定講出感受就是地位低的呢？不會因爲你說出你很難過，地位就比別人低。這也是你的信念造成的，要留意自己的信念是豐盛的還是匱乏的，匱乏的信念會讓人家有壓力，豐盛的信念不會，所以你不舒服可以練習用不同方式表達出來。

不溝通態度是爲了什麼？也是爲了讓別人覺得你是好相處的，所以你是爲了你自己。其實沒有那麼壓抑的，因爲你是爲了想要被人家喜歡，爲了想要被人家看到你的工作能力很強，所以主動去做這些事，其實你都是爲了你自己。

人的壓抑也是爲了自己覺得這樣子比較好，那位想結束生命的個案也沒有那麼多委屈，是爲了自己在婆家可以被認同，所以一直做事，但一直沒有得到自己想要的認同，到最後想選擇結束生命，而不是選擇告訴娘家，爲了自己相信的「不要給家人負擔」，還是爲了自己呀！所以哪有那麼多的犧牲委屈，是你告訴自己在犧牲委屈，一切都是爲了你自己。如果可以看清楚事實是這個，就沒有那麼多的委屈，你都是爲了你自己。

人情留一線，日後好相見，或是在別人的眼中是個好人，而想當好人或受歡迎的人，就是要脾氣好、忍耐不起衝突嗎？所以會起衝突的人比較不會被喜歡嗎？也不一定吧！或許在某些場合還會覺得他眞誠勇敢；起衝突的後果不一定都是不好的，我們對於起衝突是可以選擇的，而不是害怕起衝突的後果。人都想要被愛、被肯定、被理解、被支持，只是每個人的路徑不一樣。

人會表裡不一，也是因爲他想要被所有人喜歡。人生想要被所有人喜歡會很累，爲了你的人生自由，你要放棄所有人都要喜歡你；一定會有人喜歡你，也一定會有人沒那麼喜歡你，甚至是不喜歡你。但那又怎樣？自己喜歡自己比較重要，自己喜歡自己是最有力量的！會想結束生命的人是不喜歡自己的，他如果喜歡自己，就會在意自己，當他自己不舒服的時候，他就會去溝通表達。

害怕讓別人知道我們的不喜歡，這是僞裝，也是僞善，假裝沒有關係但很有關係，以爲是在當好人，但這是表裡不一。別人不知道你不舒服，繼續用你不舒服的方式對待你，這是自找苦吃。所以沒有人要欺負你，光你自己想像的劇情跟你的定義，你就會覺得很苦了。也許你會覺得好像沒有辦法改變環境，可是你可以改變你的心境，很奇妙的是，當你改變了心境時，環境就會不一樣了，因爲內在會反射外在，假設你的心境不一樣，外在就會變得不一樣了。

根據靈魂約定的原則來說，結婚的對象、工作、另一半，甚至父母，全部都是你選的。那我們到底要來經歷什麼呢？如果每個人願意去想，我們來到這個地球是要經歷什麼？我們就可以做出不一樣的選擇。

我有好多個案有自殺的想法。很多都是一旦別人有不同意見給她時，她就會覺得她做的事情都不被認同，長年以來總是覺得自己被婆家或是先生當成垃圾，貶低委屈想換安穩。我看到她的娘家、她的朋友是愛她的，所以她是可以選擇回娘家的。但她的信念是「不想要造成娘家的困擾」，因而想要走上結束生命這一條路；也許看起來沒有造成困擾，但造成的是遺憾。

我們是可以定義別人怎麼看自己，可以做不受傷的解讀：別人有他的感受、他的立場、他的想法，不代表他說的話就是在欺負你。我們可以去思考，爲什麼對於某些人說了某些話，就會斷定他在欺負我、他在傷害我呢？

有沒有過一種經驗是，同樣一句話，這個人說出來可以接受，但另外一個人說出來卻讓你不能接受？

通常不是那句話有問題，是你覺得那個人有問題。

有可能我的個案覺得婆婆有問題，所以就算婆婆沒有想要說傷害她的話，她也覺得是在傷害她。我也沒有要替婆婆說話，只是透過這個例子去分享，看看有沒有可能有別的選擇？

一定有更好的選擇，只是她覺得沒有力量，沒有勇氣，沒有希望。

如果可以做別的選擇，她的信念、她的思考可以做怎麼樣的調整？

如同剛才說的，當你把安穩的感覺建立在別人手上，你就注定失去安穩。

當你願意定義別人良善，你就可以看見他的良善，當你定義別人在欺負你，你也會一直感覺到他欺負你，這個戰場都是自己的戰場，自己想像來的。

如果眞的覺得自己的環境太痛苦，你仍然可以為你的人生做出選擇，你可以離開那個環境，你永遠都能做選擇。

我非常地確定人是可以轉變的，根據你想要成為怎樣的人過怎樣的生活，只要你很清楚，你就可以轉變。

從前我希望大家都很開心，大家的開心比我個人的開心還重要的時候，我就會當受氣包，後來我調整我的開心跟別人的開心是一樣重要的，我就不會想要委屈自己。

把人生想成一個很大的遊戲，你要想你之前玩得不好玩，所以你現在要怎麼玩你新的遊戲？

看重自己的價值，在工作跟關係上讓自己健康豐盛，我們隨時都可以離開自己的痛苦舒適圈。

如何開始呢？

我們現在就來重建在工作跟關係上讓自己健康豐盛的信念。

第一個是「我永遠都能選擇，我已經做最好的選擇」。

保持隨時都可以選擇的自信，以工作來說，就要存錢、存技能、存人緣，當你學完對你有幫助的事情，或者你的才能可以用在更有挑戰的地方時，你就可以準備換工作。不是基於擔心沒有錢而留在這份工作，而是你想要在這份工作得到其他的價值而留下——基於「想要」而留在這裡，而不是「避免更糟」的情形所以留在這裡。

保持隨時都可以選擇的自信，以關係來說，就要經濟獨立、情感自主、界線健康。界線是什麼？後面我會再詳細說明。

當你不論在哪一段工作或是在哪一段關係，你要知道你永遠都能選擇，也能做最好的選擇，就不會委屈。

在工作跟關係上讓自己健康豐盛的第二個方法是「一切都是最好的發生」。

我有個學生是做業務的，業績特別好，但是他覺得好像每一份工作，負責內勤工作的同事都很笨，經常把他氣到橫眉豎眼。我告訴他，因爲他反應快，自然就容易覺得其他人都很笨。這就好比當一個人有委屈自己的信念時，去到哪裡都會委屈自己的，就算別人無意，他也會覺得自己被欺負。

有從中學習到什麼嗎？因爲神藉由我們外在的環境，光照出內在的想法，內在想法總會投射出外在的環境。後來他學習轉念，重新定義自己反應快是天生的，沒啥好誇口，而對方的笨只是當下還不擅長，或是比較仔細，將差異看成祝福。

人生如道場，每一個人都是我們的鏡子，養成轉念習慣後，自然就不會鑽牛角尖，相信一切都是最好的發生，這事發生於我有益，一旦轉念，就能離開情緒亂流，心性就能成長。

在工作跟關係上讓自己健康豐盛的第三個方法是「做有難度的事」。晚起的人練習早起、不善交際的人開始社交、懶散的人刻意學習，都是一件件最開始讓人感到不適的事情。但是片刻的舒服如同過眼雲煙，而浪費的時間、流失的精力、錯過的機會卻是影響生活動力的因素。

我從企業主管轉換爲兩袖清風的神職人員，考驗我的金錢觀：選擇安穩度日還是進入使命？也訓練我的同理心：好不容易深受倚重了，又轉換在家工作，沒沒無名好像失去舞台；是在被考驗清潔的良心、保持希望的信心。後來又成爲教育人員，遇見了各式各樣的家長學生，熬煉我對人的熱情後，又成爲薪資優渥、受人喜愛的業務講師。

每一次轉換職場都讓我感到不適，因爲也遭遇家人反對、擔心能否養活全家。

每一次選擇都覺察反思：我是誰？我爲何在此？我要什麼？我甘心嗎？依此來做決定。

每一次都需要勇敢、保持希望的信心。

最終創業，進入我在這世上使命——協助人和好。與神和好、與自己和好、與人和好。

人生不易，別靠慣性活著。

很多人的不快樂，都是因爲在不斷重複著昨日的生活，靠著慣性，將就將就著或撐著忍耐著過活。

活著詩情畫意點，讓生活有滋有味，不需要花大錢，只需要留心思、多感覺。活著像個小孩子一點，因爲小孩子能有更多的快樂的原因是——他們每天的生活都不一樣。他們總是願意去探索一些未知，在不斷擴大舒適圈中尋找到快樂。而大人則不一樣，大人更習慣的是活在舒適圈裡，儘管是痛苦的舒適圈也能把一年過成一天。

如果一個成年人，要想跟小孩子一般，擁有更多的快樂，那麼就得有敢於走出舒適圈的勇氣，不依靠慣性活著。

當你在淺層次的快樂中，揮霍你的生命，最終擁有的只是短暫的熱鬧，和長久的空虛；當你在深層次的快樂中，給你的生命充電，最終擁有的是長久的幸福安穩。

成長是每個人一輩子的事，無關年紀。無論何時，停滯成長，才是最可怕的衰老。

時間從來不說謊，你的時間花在哪裡，你就會成爲什麼樣的人。

寫下你的新故事，從離開舒適圈開始。

NOTE

27 要留下什麼？

不用花時間去後悔、糾結，
因為我們永遠回不到過去，
不用浪費時間在無意義的後悔中。

曾經有朋友告訴我，他看過一本書，裡面寫說痛苦是比較級的，別人比較苦都能活著，所以你應該也可以過得去。曾經我也這樣砥礪自己，也眞挺過了些風暴，所以一般人要安慰到我很困難；第一，他的苦沒有我的大，第二，他不是我。

但後來因爲常住醫院，看見好多失去健康的人，特別是臨終的人，確實有些苦只有當事人能承受，才開始覺得痛苦是不能拿來比較的。意思是我不能因爲自己的經歷比較苦，就認爲他應該要趕快走過去。所以我開始想要的是：每個人都可以被神的愛感動到，知道自己是獨特珍貴又美麗的靈魂。而痛苦，就是去完整體驗它，作爲人生的學習、圓滿靈魂進展的學習。

至於要痛苦多久？我不知道。我相信每個人有自己的歷程，旁人若知情想幫忙，安靜陪著，走過一段路就好。所以也沒認眞想過我的人生要留下什麼。當生活充滿挑戰的時候，會花很多力氣先面對或解決眼前的困難。

經常有感：人，生不帶來，死不帶去，好好活著就不容易。

前面提到我已經知道要「離開痛苦的舒適圈」，知道要「承認自己的感受」，知道「我要什麼」，但人生光這樣還不夠。承認自己的感受跟知道要什麼，大概就是誠實勇敢吧！或是進入使命，成爲眞實、幫助人跟神和好。使命就是把生命使用在哪裡？要活得最淋漓盡致？或是最平靜？要最有影響力？都可以。

得了腦瘤之後，我更是覺得人生很累，總是爲了要好好地活下去，用盡所有的力氣。所以我表面上看來很正面、很焦點在外、很練轉念，但內心深處總覺得早死早解脫，早點回天家是好事。某天我發現自己有了白頭髮，又聽說晚睡會胖，跟我弟抱怨我最近胖了又有白頭髮，我應該要早睡時，我弟大驚訝地反問我：「爲什麼不是腦瘤教會你要早睡，是白頭髮？」因爲，我的早睡不是爲了要活很久啊！我的早睡是爲了老化慢一點。

（笑）我從沒有想過人生要留下什麼，只覺得光好好活著就滿花力氣了。

直到一首歌打到我的心。大家知道五月天有首歌叫做《將軍令》嗎？我其實甚少聽五月天，大部分的時候都聽詩歌或冥想音樂。某次偶然聽到這首歌的時候，本來還沒什麼興趣，直到這段歌詞出現時，我突然被拉回注意力，這句歌詞直接打到我心裡。（由此可見，神眞的會透過各種方式來對你說話。）

裡面有歌詞是這樣寫的：「此生到盡頭，你是誰，曾怎麼活？」

這我倒是很早以前就知道，活在使命裡。

來地球旅行基本上是爲了學習成長的。出生前就計畫這一生、整個生命，如現在所生活的那樣顯示出來——就像耶穌、像我服務的無數靈魂——答應降生，都是想有這些經驗來學習，並在靈性上成長。人必須發現誕生的目的，這是可能的。

在學習的過程中，神也會爲祂的某些目的運用你。神好像在蓋房子，並運用你作爲祂的工人。祂用你來搬運磚頭，做砌築工作，建造房子。在這個過程中，神會給你薪資，讓你和你的家人快樂的生活。這些薪資就是你在生活中得到的洞見。不是平安健康哦！是洞見！從你的角度來看，這加強了你的學習過程。從神的角度來看，你是在幫助神實現祂對於地球的使命。生命最終的目的是與神合一。整個生命的建構是爲了在這個方向上推動。如果你生命中的每一個事件，都澈底理解和體驗爲神的行動，你就會靠近神。最終你就會與神合一。這就是生命的目的。

回到《將軍令》的歌詞：「你想被記住的那個名字，將會是什麼」。對啊，那我想要被人家記住的是什麼？

最後還有一句是：「你相信什麼，你執著什麼，你就是什麼」。這超符合我的價值觀的呀！簡直是另類福音歌曲，我好久沒有聽流行歌聽到感動了。邊聽的時候我就邊想說，當我死後，別人會記得的是什麼？很奇妙，當我沒有想過人生要留下什麼的時候，就覺得日子過得滿累的；但當我重新定向，去思考我的人生要留下的是什麼、可以帶走的是什麼時，就覺得人生變得好清晰。眞是感恩這首歌給我的啓發啊！

經歷了好多困境——不斷地開生命靈數的課，卻總沒辦法把賺到的錢留下來；錯信親友而差點破產；即使去上了好多的課考取執照，還是覺得人生活得很累，不知道到底在忙什麼？突然又有靈魂需要我幫忙，我就順便又罵了一下上帝，「好累喔！祢看這種事情我都默默地做了這麼多年，居然還是沒有伴，那我死後誰做啊？祢應該會找別人做吧？」結果一個意念進來——要訓練別人做。但從何開始？我不知道。

於是順著神的安排，我去找到一個我的教練來催眠，後來也順利地藉由催眠幫到了他很多，我才驚訝催眠居然如此有效，比我以前的靈魂對話管用太多、太多、太多了，威力好強大！瞬間覺得做這件事比生命靈數幫人還要快又深入。

以往做生命靈數的講師，接觸的多半是保險業，雖然我很愛他們，但他們因爲工作的關係沒有辦法長期上課；但催眠讓別人看見很多東西，是一個信念重設，這個影響力很大。後來我又問神，既然今天能夠這樣幫到教練了，那我還能做什麼去幫更多人？神就感動我說，就像我以前在教會帶小組一樣去開小組，但不是要把家裡變成教會，而是帶人默想神。於是我就跟神合作，慢慢摸索，開始帶了冥想班。

大概就是這些契機加總起來，聽見那首歌、覺得自己一個人做靈魂服務很孤單、覺得賺這麼多錢到底爲的是什麼？後面的人生要一直教生命靈數嗎？還有沒有其他的？問神之後照著祂的旨意做，也在過程中看到學生的改變，也很被學生愛到。我覺得活著眞好！

於是我就開始想說，要讓大家都能夠覺得人生最重要的是「好好活著」。在我的冥想班裡面，我都會讓大家經歷神，所以也讓每個人都問過自己的使命。我印象很深刻的是，有個學生問使命，神回答他說：「快樂就好」。我愣了一下，蛤？就這樣而已？我的使命卻是協助人與神和好、與自己和好、跟身邊的人和好，他的使命怎麼就快樂就好而已，這麼簡單，好爽喔！突然羨慕了起來。

但後來我想，其實這沒有很簡單。快樂就好的意思是，他在各樣的情況之中都要轉換觀點，保持心中是喜悅的，這其實是一個滿簡單又高深的層次。所以我覺得使命不一定要是像諾貝爾文學獎那樣很高深的，不是影響力一百的，就是好好活著就好。把你的才華、熱情、興趣，把你的愛散發出來，把你的人生過得好玩，這就是好好活著。

當你離開這個世界的時候，別人會怎麼想你？是不是跟你想要給他們的是一致的？比方說，我想要我死後大家會記得我是個很溫暖的人、跟神很近的人，所以我教大家的就是跟神很近、神都很愛我們，這就很明確。最重點的抓到以後，其他就沒那麼重要了，所以我不會這個、不會那個，有什麼關係？它跟我最重要的使命無關。所以我學歷不高，脾氣不好，那又怎樣？這些都不妨礙我完成我「和好」的使命。

我覺得職場就像道場，要活出你的道。所以我不覺得使命它是固定的地方，最重要的是你這個靈魂；你這個靈魂去到哪邊都是光，都可以照亮那個地方的人。所以好好活著不止是好好吃飯、睡覺、好好享受人生、好好的愛人、好好的被愛，也好好的讓別人感覺到他被你愛。做好這些事情，其實也挺多的耶！這些都是修心。

人生有很多事情界線很清楚，只要分清楚這是誰的事。是你的事、我的事、還是他的事？像我的學生來到我的面前，我要教好他，這是我的事，但我能管好的就是我有沒有教的是我眞心相信的；至於我的學生聽了之後做到什麼程度，那是他的事，他跟老天的事。把界線拿捏清楚，我覺得人生可以輕鬆很多。所以每次學生或個案跟我講鬼故事的時候，我都會先問他：這是誰的事？他們就會秒懂。

這「三件事」跟「零極限」（對不起，請原諒我，謝謝你，我愛你），還有一個「已經結束的就結束了，它都是唯一會發生的事情」，我都覺得很好用。

不用花時間去糾結、後悔，畢竟後悔也無法回到過去，不需要花時間後悔。

「活在當下」，只有當下是眞的，其他都是假的。

大家都以爲是「先來後到，前因後果」，但根據催眠心得，我覺得它是同時存在，且互相影響的。人能夠帶走的只有回憶，會留下的除了回憶，還有影響力。

我們要考慮的是要留下什麼影響力。你可能會記得你的爸媽留下什麼影響力，爺爺、奶奶、外公、外婆留下的可能也還有些印象，但再上去就記不得了，可能連他們的名字都不知道。我覺得這樣就很可惜，我們一定都希望我們的後代子孫好，甚至大家的後代子孫好，那我們就要做一件事情是讓大家的後代子孫都好。

我就有認真想說，世界和平要怎麼來？如果每一個人都是和平的，那世界就會和平。所以我想要鼓勵大家，不是追求幸福，而是追求平靜安穩。

平靜不是內向安靜，而是不管外面的景況如何，都會知道這就是一個事件，透過這個事件我們要學習改變，在衝突來臨的時候，不害怕衝突，而會化解它，保持內心的平靜與安穩，知道最終都是圓滿的。

很多狀態，它不是長久的狀態，也不是自己可控制的。

但追求自己的內心平靜安穩，單單這樣活，就促進世界和平，多好！

一切事物都來自於一個源頭，對於生命，沒有開始，也沒有結束，越加深對「自我」的覺察。在生命中，發生在身上的事情，所看見的人們，都反映了我的「自我」。

我總是在共振與我一樣頻率的人事物來到我的生命中。

留意自己的起心動念，不只是良善；良善背後又是什麼？也選擇來往的人，也看自己如何做選擇。

我想要留下的是——清潔心、慈悲心。

清心的人必得見神（耶穌登山寶訓八福其中之一）。

清潔心：丟下所有可以爭取權益的「指責」，沒有假冒、沒有偏見、沒有執念。心裡好像澄清的湖水一樣，非常的清澈純潔，沒有雜質，沒有詭詐的動機。

最後，凡事交託，不憂慮。

慈悲心：與神一樣的性情，因為神是慈悲。

在這根基上去瞭解，在一生中，所經驗的任何事物都是神的恩典。

假設遭遇患難，試著去瞭解這也是神的恩典。如果在一切事物中都看見神，我的生命就是慈悲，也會變得美好。瞭解你在此生中所經驗的任何事物，都僅是神對你的考驗，而不是一個壞的經驗。如果它被認為是壞的經驗，這就意味著神是不慈悲的。如果你遇到一個問題，將它視爲一個讓你去面對它、並從它走出來的機會。你已經得到了讓你可以去面對挑戰的人、財富與信心。

如果瞭解了這一點，信心就會提高。就是爲了考驗你的信心，神才給予我們考驗。如果瞭解到所經驗到的任何事物，都是神給予的考驗，就可以對問題思考得更深，並以更好的方式來處理它，就會瞭解它的結果，並將無所畏懼。

如果瞭解了這些眞理，在身體中就會有巨大的轉化。

遵循眞理後，不僅擁有了慈悲，也會逐漸成爲那份「慈悲」。

如果遵循這些眞理直到成爲內在力量，就會很喜悅，就不會再有恐懼和悲傷，只有喜悅。

現在已經不只知道人來的目的、生命的目的，還知道在人間要學什麼、留下什麼，活著的每一天都好感恩！我好開心！

只要成爲眞實，創造溫暖人心的回憶與和平的影響力，就是給世人最好的禮物、給地球最好的貢獻！

從前我只會愛別人，感恩別人！

現在我還會喜愛我自己、感謝我自己！
我愛自己、感謝自己！
當愛自己、感謝自己，就開始寫下新故事。

NOTE

28 我要什麼？

不知道大多數人有沒有想過自己真正想要的是什麼？

———•———

三年前，我沒有想過「我要什麼」？我的腦袋裡面充滿的是「我應該」要做什麼。從小奶奶說：「要乖乖的，等爸爸媽媽回家，不要讓阿婆擔心。」爸爸說：「要幫忙做家事、照顧好生病的阿婆、照顧好年幼的弟弟。」學校的老師說：「要讀好書，不要像爸爸不成材。」身邊很多人說了我的很多責任、我的很多「應該」，就是沒有人問過我，我要的是什麼，我喜歡什麼？

曾看過電影《82年生的金智英》，她因爲活得只有身分、沒有自己而憂鬱痛苦，我十分能體會，身爲長女的我也是活得只有身分沒有自己；在照顧奶奶、弟弟、讀好書，這些「我應該」的日常裡，用光我絕大部分的精神力氣了。只是我不覺得自己很可憐，也不覺得她可憐，她還有帥氣老公可以倚靠（笑），還有媽媽會大老遠的看望她、替她打抱不平的愧疚，我看見父母對孩子的愛就不禁淚流滿面。

後來寄人籬下，也是爲了要好好的活下來，不單要做應該的事情，還要表現成熟、對寄養家庭有貢獻，免得跟弟弟流落街頭。在寄養家庭時，怕遭人嫌棄，不敢吃飽過一頓飯，經常餓到發慌、發暈、渾身無力。直到老師協助送醫知道我胃潰瘍，偶爾塞點錢給我，我就省省的用，買個維力炸醬麵，爲了能和弟弟分食，把麵泡到麵體膨脹到不能再膨脹爲止。

那段沒錢讀書、失學的日子，我去電子工廠打工、去餐廳洗碗端盤子、街頭派報紙，早早生子忙著養家活口；我發覺做好所有我覺得應該要做好的事情，眞的好累。我沒有連結到這是我「想要的」，我覺得這一切很沉重。

一直到去了領導力的課程，遇見一群新朋友不斷問我說「你要什麼？」我只能說「我要休息、我要休假、我要睡飽」，這才發覺我好久好久沒好好休息了。後來他們又繼續的追問我，你要什麼？問到我頭昏腦脹，我脫口說出「我要一段幸福的婚姻」。當下我傻住了，因爲在我平常的腦袋裡面，這個念頭不會出現的。從小父母的打打鬧鬧、分分合合，看得我心灰意冷，對婚姻也不抱有希望，我一直以爲我是這樣的想法，但沒想到潛意識裡、靈魂深處，我還是希望可以擁有一個幸福的婚姻，原來我的靈魂計畫要走的還是「幸福的婚姻」，這讓我很驚訝。

因爲在上一段感情結束後，我又回到忙碌的責任裡，好刻意維持多年的單身。並且根據過往的經驗，深深覺得經營一個婚姻要跟「很多人」保持好關係，很累。跟學生保持關係，或者跟個案有工作上的接觸、走進別人的生命，比較簡單點，因爲我可以理解別人的情緒、感受、想法。但要讓別人走進我的生命，我就得要大量溝通我的情緒、感受、想法，這個花費的精神多太多了，也冒險多了。我還有一個假定，假定伴侶不能理解我的時候，我就會有孤單的感受，環環相扣，導致我認爲進入一個親密關係就會很疲憊，有很高的可能經歷再一次的孤單與撕裂。所以表面的我活得精采，深層的我爲了避免再一次的受傷、失望，不想要再碰感情，活得獨立自主也忙碌不堪。

但既然知道自己眞正想要的是幸福的婚姻，就要開始往這個方向前進，開始願意練習敞開，去思考要擁有幸福的婚姻，要開放的是什麼？要練習的是什麼？開始去覺察我害怕的是什麼？重新定義、定向自己：過去發生的事情不一定會再次的發生，因爲我已經不再是從前的我，現在的我很清晰也很有力量，我可以繼續改寫人生劇本，不再受過去的慣性影響。我有自由可以隨時檢查我自己的狀態，隨時可以選擇要如何去解讀別人？如何回應別人？我開始相信我是有能力創造幸福的婚姻的人，我決定開始去認識異性，設目標爲一週一位，連續三個月。

我練習更多聽從我的心去決定，也練習完整表達自己的感受，因爲我相信跟別人說眞實感受時，那個人才有可能進來我的內心，當我願意眞誠時，我的靈魂才眞的有跟他在一起。

要向別人完整表達自己的感受，一開始很不容易，也不順利。

以往我會用「工作腦」聽大家的問題然後回應，小心避免投入自己的私人情感，所以雖然我會讓他們覺得我很熱心溫暖又專業，可是他們無法靠近我。有人可以很溫暖，但是好像沒有走進他的心；我之前給別人的體驗就是這樣。我自己有線，很多線，你不用過來，免得你踩線；但是我願意過去你那支持你，你不用來我這裡。

後來要練習去跟別人說感受，就得刻意轉換模式，不再用工作腦來面對，用靈魂、用眞心跟人家在一起，放下了別人覺得我是心靈老師的標籤——別人在我的身上投射的這些標籤，感覺很有智慧。我以前不會讓人看見我有困擾的那一面，我都可以支持大家，但是我有狀況的時候卻沒有人可以支持，後來覺得這樣的想法不行，我不只想要有幸福的婚姻，我還想要有健康幸福的人際關係。

以往的人際關係比較像是我一味的貢獻付出，但是不需要別人貢獻給我；後來我就轉換想法，我也想要有幸福的人際關係；我就要在我的人際關係裡面，有被愛的經驗與被愛的體驗。我要被瞭解、被支持與被幫忙，所以我開始練習跟別人分享我的感受。很久沒有講自己的感受時，也就不太會訴說；以前不講是因爲告訴自己，自己的感受不重要，當要再度講的時候，感受卡在自己的腦袋，會覺得這該說嗎？一直考慮要不要說，感受也被慣性的壓回去。所以我做了決定：不要再想要不要講，而是想：要怎麼講，才能讓別人可以更懂我。

以前我的工作比較是輔導或是演講，跟人的接觸沒有很長，後來的我，決定要跟人來眞的，所有人可以看到我的情緒、我的眞實，甚至是我任性的一面；我選擇讓大家看到完整而非完美的我。如果不喜歡，我尊重你的不喜歡，練習不難過、不改進、不討好、不壓抑，誠實呈現自己。

還記得當時有很重要的一個關鍵人物，Ben，在我完成工作目標依然不開心時，他問我那麼不快樂，爲什麼還要完成目標？我不假思索，硬邦邦地說目標就是要完成。因爲我是個執行力很強，也很目標導向的人。以前我的人生看目標導向才行得通。爲了活下來、爲了有好成績，我會想盡辦法達到目標；這就是我以前求生存的模式。所以我對於目標很敏感，目標就是一定要完成。

當時他說，那麼不開心爲什麼還要完成目標？你可不可以在意自己的開不開心？你的情緒也很重要，如果這麼有壓力就不要做，這個目標我幫你做好了，你不要不開心。

聽完這段話的我就像被雷打到一樣：從來沒有人告訴我說目標你不要完成，從來沒有人告訴我說不爽可以不要做；沒有人告訴我這樣的話語。

我突然流下淚來。我覺得自己還是在工作上課的模式，但我靈魂聽到這句話爲何會流淚？原來我是被很強大的責任感驅動的人，所以我覺得完成目標很重要；可是有一個人告訴我，「你不完成目標也沒關係啊」，當下我覺得有一種放鬆感。我的放鬆是會流眼淚，好像終於可以休息的感覺，好像瞑目了。當時我就覺得，天啊！原來我這麼想要休息！問我要什麼？我就是會說「我要休息、我要休假、我要睡飽」。

那時我除了嚴重經痛，還有腦瘤，常常掛急診，我的身體和我的感受都被我放在很遙遠的地方，責任是第一、目標是第一、數字是第一，幫人和貢獻都是優先的，身體的感覺與豐富又複雜的情緒感受都不重要，那會妨礙我。

課程的有效性對我而言，與其說是突破自己、完成目標，不如說我在課程中感受到的情緒流動才是眞正的價値所在，也是支持我繼續的動力。

課程中的同學們要我做的是好好照顧自己的身體，可以不用完成大家的目標，我可以安心休息，不用燃燒自己。

那時我的第一個反應是當機、流眼淚。

後來我的課程目標居然是要十二點睡覺，和一天要吃三次飯。

當別人在突破人生目標時，我在完成很基本的睡覺吃飯；別人是突破自己，而我是照顧自己。

我在課程中學到，原來上帝還用這些事情告訴我，照顧自己有多重要。

神給我的感動是，好好活著就是最重要的事情。

跟喜歡的人相處也是，吃美食也是，覺得活著眞好就是最有意義的事。

當時還有要突破親密關係和認識異性的目標，一開始也是爲做而做，爲了以後可以有幸福的婚姻，所以我必須要開始跟異性接觸、約會超過三十分鐘；這些邏輯都還在我腦袋裡，令我痛苦不已。

慢慢的我開始練習跟人表達感受，這些都不是一次就到位的。不是說我想要幸福婚姻，練一次就能擁有，其實也是練滿多次的。大概練了一年吧，這一年間就跟很多的男生見面。有時遇到幼稚的對象，以前都不說破，還會問：我很好奇你怎麼會這樣想呢？到後來，如果對方太幼稚，我就會直接翻白眼說：「你知道這樣很幼稚嗎？」

這兩者的差別，前者叫做自己覺得比較得體的表現，但沒有人可以進到我的世界。後者是很直接的表現，可是這些人都進到我的生命裡了，我們無話不談也互相信賴。

以前工作模式的那些人慢慢就沒有聯絡了，對我而言，刻意表現得體，對於我想要的親密關係行不通。

我把得體連結到一個完美形象——講師與神職人員的形象，所以必須很有愛或講話有智慧，諸如此類的自我設定；現在就比較自在，我可以跟「我自己」在一起。

這也不是上課或者是做了個練習，就一定會達成的轉變；它就是一個過程，對這個過程要有耐心，而且要享受。我說的耐心不是忍耐，是要抱持著希望地期待。

忍耐跟耐心是不一樣的，我希望大家可以區分：你接受你現在就是這樣子，相信會有所不一樣，而至於想去的地方過程需要多久，這無從得知，但是要相信一定會有的。基於相信有所以有耐心。就如同懷孕，十個月就是會生出來，你可能第五個月就很累，但是要保持耐心，因爲一定會生出來的。你知道一定會生出來，所以就要有耐心；而不是說我要忍耐、我必須要忍耐，這感受是不一樣的。

這是個過程，要跟自己的感受在一起、清楚知道自己要的，然後往前邁進，即使挫敗也要堅持下去。

剛開始跟那些男生見面聊天，還會覺得很辛苦，一直看時間超過三十分鐘了沒？超過就覺得完成一次目標，爲做而做。

到後來知道這對我前進幸福婚姻並沒有幫助，還是要眞正地跟這個人在一起，看什麼樣的人我是欣賞的？跟怎樣的人在一起我會比較舒服？同時約會很多不同的人，但我沒有在利用別人的感情，我只是同時跟非常多人約會，藉由這些約會過程來體驗自己的感覺；有點像在累積經驗值，知道在某種情境這個人會這樣面對，那個人會那樣面對。

所以我很鼓勵婚前多認識對象，多知道人有百百種，才能大概瞭解自己喜歡的頻率和模樣。

認識異性時，也發現我對異性的肢體接觸會有反感，又再度去追查爲什麼會反感。這又是哪一次的經驗帶給我不舒服的體驗，讓我當時下了一個異性接觸我不喜歡的心錨呢？所以這其實是一個療癒的過程。所幸我是個催眠師，我回溯到以前被異性欺負的經驗，然後重新去定義這件事，走出當時的創傷感，再來定向自己：

「過去結束就結束了，現在的這個當下，才是最重要、也最眞實的。」

很多人會愛上崇拜佩服的對象，但單單只有崇拜佩服是不夠的，萬一他以後不讓你崇拜佩服的話怎麼辦？

我希望別人怎麼樣對我，我就要怎麼樣對他。我希望伴侶覺得我所有的面向都是可愛的，那我希望我伴侶他所有面向都會是我可以欣賞的；所以我想要遇到讓我能全然愛他的人，就算他的弱點我也覺得很可愛。

如果這個男生什麼都好，可是他會欺負小動物，那就行不通；就算其他面向再優秀、再吸引我，我們就是無法成爲伴侶。或是這個男生的面向都可以，可是他在工作上面沒有責任感，這也不行，這就是會讓我沒那麼欣賞；我一定三不五時會想要給他一點回饋，他就會很痛苦。知道有一些點是自己堅持的，那就繼續堅持。愛情談來不是要你滿足對方，或是別人要滿足你，應該是去享受兩個人在一起的感覺，然後讓彼此可以更好；他有因為我變好，我也因為他而更好。

也鼓勵大家清楚自己人生要的是什麼？在人際關係上要的是什麼？在親密關係上要的是什麼？真的要常常問自己「你要什麼」，這是個很好的問題。當你知道自己要什麼，就會比較清楚知道自己要走的路，會主動積極；當人主動積極的時候，就會覺得自己很有力量也很有自信，之後再延伸到知道別人要什麼。因為我們也不是自己一個人就能好好活著，我們就是有人際關係，所以要知道別人要的是什麼？然後去平衡，我要的可以要到，別人要你給的，你也可以開心給他得到。

在感情上你要的是自由快樂，對方要的也是自由快樂，你要的是被支持，對方要的也是被支持，所以當對方提出他的想法感受，可能當下你會有你的情緒、想法，但你第一個要表態的還是尊重、理解，甚至支持。你要先給出你想要得到的，因為他是你的反射，如果你經常告訴別人：你不行，你要多考慮，代表你也常常這樣告訴自己；如果你常常這樣告訴別人，那你的環境也會這樣回應給你。

沒有好壞對錯，只有你要不要？還要不要？由你決定。

找工作也是，你要去找你要的，是你選擇工作；當然公司也會再選你，所以我們要契合。一開始就不要有委屈的心態，要想如何讓那間公司因爲有你而變得更好，當你會這麼想時，你就會覺得你值得擁有好薪水，因爲你在想怎樣讓公司因你而更好，所以他們就該用好的薪水請你。

我弟弟本來是比較保守的，職業軍人退伍後，爲了避免接觸人群，就去廚房內場工作。我不斷告訴他人生要突破、要做自己想做的，後來他就挑戰自己，去外場服務，果然勝任成爲主管。

弟弟跟我的路很像，家境辛苦，半工半讀，踏足進入門檻低的餐飲業，端盤子洗碗後成爲主管再轉戰金融業。只是我離開銀行轉作神職人員，而他繼續深耕，成爲獨立的財務顧問，致力於協助人們的財務安全，助益人不少。他以前也是打安全牌的，但到後來他已經習慣挑戰，也支持人去接受挑戰。他覺得我的人生都充滿著神蹟，就是我活出給別人的影響，最主要的體驗都是冒險。我帶給別人很重要的價值就是，人生是可以冒險開創的，還有人是可以跟神和好的，神就住心裡，不需要向外尋求，向內覺察就可以。

回到「我要什麼？」

我要幸福的婚姻，我要人們可以跟神和好、跟自己和好、跟身邊的人和好。

人們可以喜愛自己、開心開創人生、喜歡接受挑戰去冒險，覺得人生是好玩的。

我要我的人生是好玩的，這就會應用在我的關係，所以大家就會覺得我很好玩，我們就會常常玩在一起。

我要什麼還包含我要成爲什麼樣的人？或我是怎樣的人？

我是怎樣的人，我就會做怎樣的事情，所以這個「我要什麼」，不是只有我要做什麼事情？還包含我想要成爲怎樣的人？或者我怎樣定義自己是怎樣的人？

我定義我是溫暖的人，我認爲我是溫暖的人，我相信我是溫暖的人，我做的事情就會是溫暖的；我定義我是誠實的、勇敢的、豐盛的，我做的事情就會是這樣。我們不需要透過外在的環境來告訴我們自己是誰，我們是可以經由自己的選擇成爲這樣子的人，然後讓別人認識我們要呈現的這個樣子，這就是把自己的力量拿回來。

當我們這樣做，會獲得的是平靜安穩，這就是給自己誰也拿不走的安全感。

不需要透過誰來對你好，來肯定你的價值，自然不用去期待別人的眼光或是害怕別人的眼光。自己的人生，自己選擇，不必用力地做事情來證明自己。

如果內心很安穩，就不會害怕破壞關係。

做理所當然的事情會覺得很舒服，但做有期望的事情，會覺得很累，甚至可能會勉強自己。

理所當然的是好人跟用力當好人是有差別的，因爲理所當然，就會做得很自然，你不會一直記得你做了什麼。就像你今天扶奶奶過馬路，你不會耿耿於懷一直到處說或是期望她回報你吧？可是如果你很用力，你幫同事的忙不是理所當然，你就會期待他的回報。所以我希望大家做任何事情都先甘心樂意，覺察自己的動機跟目的，不要心懷二意。

在人際關係中完整自己，不勉強、不討好，自然就不會覺得委屈犧牲。動機跟目的的差別在於，動機是A點，目的是B點。這麼做我就已經滿足了，比如我們扶奶奶過馬路，就已經滿足我們是個好人的想法；幫助別人他開心我也開心，就不會期待他回報。假設今天要幫同事忙也是一樣，或是幫小孩準備書包或幫家人準備晚餐，我們也可以享受，付出時就已經代表我是有能力、有愛的人，所以當我做這些付出就已經很開心了，不用把焦點放在他會回報我什麼。

你是做你自己想做的事情，就很像我們都是想要被人喜歡、被人認同、被人看見，所以我們付出時，已經享受我們是可以付出的人，不要把焦點放在那你看見了沒？那你要不要回報我？

先定義自己是誰，然後心甘情願的、順其自然的、理所當然的很平靜安穩地做這些事情，在那個當下享受這個狀態，你就不需要別人來回報。假設別人不滿意你，你就會覺得那又怎樣：他有他的標準，可是我不活在他的標準裡。或者你願意爲了他的緣故調整你自己，你也不覺得委屈。什麼叫做爲了別人的緣故調整自己？就是別人的信心不夠，或者別人很堅持他的固定信念，他會覺得這樣不行他沒有安全感，那你就尊重他現在的位置，然後調整自己表達的方式。你是爲了別人能夠得到益處而調整自己，不是爲了自己能夠被他喜歡而調整自己，一個焦點在自己，一個焦點在別人。

當你知道你內心的渴望並與之達成協調一致，當你與「你注定成爲的樣子」及「你注定爲地球做出的貢獻」合一，你將感受覺知的蛻變。

「機緣」爲你來到，如同你常聽到的那句老話：「當你眞心渴望某樣東西，整個宇宙都會聯合來幫助你完成」。對於生命中的一切，你只需要用心經歷、留意你當下的體驗。

甚至只要用心深呼吸、安靜冥想，就能逐漸看見自己的眞貌，並以此尊敬天地、感謝萬事萬物，讓自己隨時可以回想生命起初的簡單美麗，把焦點放在「追尋自我最完整的呈現」。

「活在當下」確實是不容易但又是最重要的靈性操練。但若有靜心習慣，就能找到力量，改善睡眠、提升專注、豐富創意、隨時內心安定的「回到當下」，踏上追尋完滿自我的璀璨旅程。

其實所有人都有著相同的人生目的，那就是盡其所能的成爲眞實的自己。儘管每個人有著不同的體驗、不同的表達方式，但是所有的人生挑戰，全都是爲了完整的展現你眞實的自己。眞正的做自己、竭盡所能的享受自己，這就是我們所有人共同的人生使命，而做自己的方式就是通過你的最高興奮去行動。

願大家都知道自己要的是什麼；願大家擅長的都成爲貢獻、成就別人、留下傳承，至於不擅長的，放輕鬆吧！讓它成爲你被愛的體驗。

信念是重複講才建立起來的，沒有很多人跟你說你想要的，就要自己多跟自己說：

我想要的是什麼？

承認自己，表達自己，往自己想要的方向前進。

你永遠值得精彩活一回！滿足愛一回！

NOTE

29 狂喜的恩典

不要沉溺於行動，要回到內在神聖空間，
讓自身力量顯現。
要敞開生命、要迎接體驗，
生命就會有狂喜又敬畏的恩典。

•

很多學生或朋友要買房子的時候，會請我禱告尋屋方向或是祝福成交。我幫忙多年從不曾羨慕，也不曾覺得自己要買房產。作爲傳道人，我告訴自己：一切都是神賞賜，有衣有食便知足。那時薪資經常只有一萬多元，絕大部分的時間是靠「信心」生活。意思是，靠對神的信心，相信祂的供應，在不足之處禱告，並使用二手衣物，資源利用，簡樸過活。那些年間，確實神蹟多到數算不完。

但我所謂的神蹟並不是天上掉錢下來，我認爲的神蹟是「愛」，包含前面說的一百個飯糰的故事。那些年在教會的傳道（神職人員）生活，奠定我跟神的親密，超過以往幼時宮廟通靈經驗，是滿滿的平安喜悅的經驗。特別後來離開教會，面臨失婚時，神在我獨自流淚禱告給予我的話語，經常超越事物的表象，也打破框架，讓我重建安全感與自我價值感。

我要說的是，不論什麼信仰、對人的貢獻多少，神恩典沒有分別也從不離開。與道教、佛教徒一樣，祂給我神職人員的照顧管教、指引，神對人的愛超乎人的認知。

後來因爲計畫離婚和爭取監護權的關係，需要足夠穩定的薪水證明可以撫養孩子（總不能跟法院說我靠信心生活，這些一般人聽不懂的），又要能照顧孩子，當下最好的選擇就是離開在教會擔任神職人員的生活，再找工作。我認爲這是最好的安排。

非常的幸運，我找到貿易商顧問工作，負責百貨專櫃業績，下班後再趕往安親補習班教數學，有空還兼到府家教。因爲認眞照顧一位特殊的孩子而深得該家長的信任，一年後，這位家長介紹了她的財務顧問要來「把脈」一下我的財務狀況；因爲當時三份薪水，付了房租、孩子補習教育費、保險醫療費，卻依然是月光族。

第一次與顧問見面，來到家長的家，才知道原來顧問是家長的房東，她本人卻是租屋。我太好奇了，也跟顧問相談甚歡，得知我們背景相似，都是年輕就獨自撫養孩子的媽媽。那時對顧問也欽佩不已，看著地點、裝潢與氛圍，第一次我羨慕了起來：如果住在這裡多好啊！但得知房租三萬，便不再痴人說夢。

透過與財務顧問對談，才知道我的保險買太多也買不夠，可以說買錯了！當時害怕自己腦瘤會驟然離世，而大量買壽險、意外、醫療保險，在那個階段是過多的。當我誠實面對我的財務觀念後，我看見儘管我已經三份工作，非常的努力——更多時候是努力善良、努力不放棄——就算我省吃儉用，沒有正現金流，還是無法儲蓄進而改變生活的。

理財先理心——先清理、釐清自己的心，這是我第一個在財務上學到的觀念。

顧問知道我的信仰、信念後，建議我轉職做業務。她認爲我的信念、人格特質，做適合的產業，應該會收入豐厚，所以邀請我跟她學習財務，日後作財務顧問。就這麼神奇的，我成爲她的客戶，也成爲她的夥伴。只是後來我發現我更喜歡演講，因爲可以大量與人互動，爲了助人與神和好、與人和睦的使命信念，我還是決定轉換作講師，相信只要做助人的事情，神的祝福、財務的祝福，也會隨之而來。

果然很快的，我當上了「生命靈數」的業務講師，在全台各地保險公司分享我的生命，就像是耶穌走路傳福音一般，同時也開始教授「生命靈數」。有別於命理風格，我的眞誠輕鬆、實際運用的風格，承蒙學生的支持厚愛，一路教學愉快，也因此收入豐厚而開始穩定存錢。我非常感謝這路上所有愛護我的壽險業學生們！

這個財務翻轉故事也刊登在《Money》雜誌上，標題應該是〈黑道女兒、單親媽媽存千萬退休金〉，爲了鼓勵單親媽媽，不要被環境限制也不要信心微小，我們可以勇敢作夢、勇敢做自己眞的很想做的事情。因爲轉換跑道、穩定存錢而大幅的財務改善，所以我很感謝我的財務顧問，也跟她成爲好友，像是姊妹一樣信任支持彼此。

有一天她說想要買房子，請我禱告，看看上帝能不能告訴她，要去哪裡才能買到適合的房子？她當時是往捷運橘線與棕線方向找，而我在第一次禱告時看到紅色的捷運線。嗯，範圍好大啊！第二次禱告時就看見了一座天橋、一個國小、一個菜市場、她買菜的畫面。後來她果然找到全部符合的物件，有天橋、國小、菜市場；就差價格了，於是她也自己禱告希望神祝福她能順利買到。

基本上這一定買得到的啊！不然怎麼會看到那些畫面咧？

我向來比較單純有信心，不擔心準不準。當自己就是個「送信」的，送「上帝祝福」的而已。後來她也順利買到了，成爲每月收租金的金雞母。

隔了幾年，她又想買房子了。她找我去建國花市旁邊的國宅去看她想買的那間房子，想知道上帝有沒有話要告訴她。我靜心等了一下下，告訴她：這間房子什麼都好，就是生不了孩子，如果這房子未來不是要給孩子結婚後住的話，應該就可以吧！旁邊的屋主就傻眼焦急的問我：「我現在搬走了，我會有小孩嗎？」我皺了眉頭，忘記旁邊有屋主，金害！

今天就當天使吧！告訴她：「你換一間中醫看，如果每次看中醫，都怕被醫生罵，這壓力太大了，生孩子不比你個人的開心重要哦！」屋主聽了非常的驚喜，連連跟我道謝，說她眞的每次去看中醫都壓力很大。

後來顧問沒有買下這間房子，她看上這間房子只是爲了祝福那位屋主罷了！因爲我後來對她說：「注定是要給你的，是你一眼就會愛上的房子！完全不需要勉強，也不用大動工的。」後來她改買的果然就是一眼愛上的！

我說這個故事，只是表明神的愛超過人類的認知、想像。別想叫我帶你們看房子啊！我是作功德，不想累死也不想受誘惑，大家可以自己禱告、靜心冥想啊！

那麼狂喜的恩典是怎麼回事呢？

有一次在我的催眠課程裡，我爲全班禱告，希望有點啓示，看看這一班的內容是什麼？（雖然教學催眠看起來是做重複的事，但每一次都是新的靈魂，就要心態歸零，等待神給我關於大家的啓示。）

那一天，神要讓全部的人知道：「不要沉溺於行動，要回到內在神聖空間，讓自身的力量顯現。要敞開生命、要迎接體驗，生命就會有狂喜又敬畏的恩典。」

這一段話讓我沉思許久，因爲我的生命是接連不斷的恩典，我也敬畏神、喜歡跟神來往，但我對神的恩典的感覺，好像都是泡麵一樣的恩典，即刻救援的恩典。

發生什麼事情會讓我覺得神對我的愛是讓我肅然起敬呢？

想好久啊！後來在催眠課跟全班一起討論，我就禱告：「若是今年買房子、結婚，這就是不可思議，會讓我雞皮疙瘩掉滿地、敬畏神的恩典。」

我許願的那天，是2020年4月17日。

許願後就要開始留意環境、採取相應行動。

4月19日，我盤點收支還款能力，約好友4月28日一起去看總價一千三百萬的中古屋。但4月21日我跟顧問約見面作基金加碼。顧問請我爲她禱告她的房子能夠順利賣出。在我旁邊的天使突然對我說：你不是很喜歡她的房子嗎？跟她買呀！我回天使說：貴得要死怎麼買?!我的預算只有一千三百萬。天使又說：請她便宜賣你。

說完，天使就離開了！

此刻我的心情忐忑不安，不知如何對顧問的房子開價，便問：你的房子開價多少？顧問回：一七八八萬；此刻我的心都涼了。四八八萬的差距叫我如何殺價？只好怯生生地問：可以便宜賣我嗎？顧問興奮回：如果是33要買，當然要便宜賣給你啊！我一直都捨不得便宜賣，這個房子有太多回憶。

此刻的我突然覺得感動，心想如果能買成，會是一個傳承。

於是我們約定：一六八八成交。

接下來，就是我找錢的日子了。從開始談到成交簽約，歷時三天。

被學生驚嘆：老師買房子跟買菜一樣！

過程有沒有困難？有！頭期款不夠。甚至都想過跟家人調頭寸，不過後來還是沒提，因爲我想神給我的挑戰，絕不會過於我的能力。這不是說買房子不能用家人錢，我只是喜歡經歷神，思考功課的價值意義對我是享受也是收穫！後來我就跟神禱告要錢，神就調了一群學生來上課，大家介紹來的催眠個案預約滿到爆炸！於是，一個月內就買好。

學生得知，老師一個月不到買了這麼美的房子，讚嘆連連！大家都稱讚神、恭喜我！我也樂於接受大家的祝福，家裡放滿了來自大家對我的愛——各種家電、家具，我眞的是太感動了（因爲我眞的 All-in，完全沒錢了）！

一個月買房子，不簡單也很簡單，就是相信、接受祝福而已！

接下來更不可思議啦……

NOTE

30 遇見幸福

神真是加倍補償的神。
祂使我過去的眼淚，全變成點綴我生命的珍珠。

——•——

「若是今年買房子、結婚，這就是不可思議，會讓我雞皮疙瘩掉滿地、敬畏神的恩典。」

還記得2020年4月17日，是我的許願日。

我加碼禱告：神呀！我們還有八個月的時間，這段期間請給我看見寶藏的眼光、教導我篩選，並引導我進入正確的機緣，在祢的光中加速進展！

只看見一個發綠光的白、高、胖男子坐在餐廳滑手機的側面畫面。線索有點少乀！

繼續留意環境、採取相對應行動，也請身邊朋友幫忙介紹，還使用一位作家推薦的心理學交友app。這個app適合我的地方在於問卷詳盡，又不得在網路聊天，規定有意認識的雙方，要由系統約定直接見面，太有利於我不喜歡瞎忙、又能看對方能量場，太開心啦！

要約誰見面咧？拿不定主意！直到看見一個檔案：保羅先生。寫的自我介紹是「負責任」。

嗶嗶嗶嗶！這是個訊號ㄟ！因爲讓我喊出我要結婚的領導力課程，裡面大量使用這個「負責任」字詞。我想起有一次我在大家面前分享畢業心得，說出想再婚，那個對象也必須上完領導力課程。這個要求對於找對象的難度很高，但我值得。我心想，如果能確認他有上完領導力，我就「好好跟他相處」。

4月19日，我們的第一次見面。

他提早到了，我迷路而遲到了，他很紳士要我慢慢來。

但第一次見面裝紳士也常見，繼續觀察。遠遠就看見他悠然滑手機的姿態，有五分像4月17日禱告中看見的樣子。想著他走紳士路線，那我走大食怪路線，如果聊不來至少沒餓到呀！

整個用餐過程，我看著他優雅地吃，好心又主動地問他：你是不是不吃了？那我要吃掉喔！聊得不錯，他主動關心我的手機螢幕摔破，可以換一個。於是飯後我們去逛商場，過程中也確認了他的確上完領導力課程。但去人多的地方我比較容易不舒服，那天就臉發白、冒冷汗，很快就結束回家。事後他分享第一次見面心得：這女孩身體不太好的樣子，不好照顧。哈哈！

隔兩天約會他對我說：「你應該要減肥並且保養，因爲我想要我的伴侶是帶出去好看的！」我睜大眼睛心想，有毛病嗎？也對他說：「我如果要減肥或保養，是爲我自己看了開心，跟你無關。」說完我就下車走人了。又完全忘記要好好相處。

後來跟顧問及教練說到這件事，他們都贊同他說的，我要減肥跟保養！不甘心的承認後，才繼續保持聯絡。心想：誠實回應也不多見了！收！

類似的火藥味對話很多。只能說我倆都上完領導力，彼此講話沒在客氣，超高效率的對很多議題達成共識；天天見面，只要一週，能講的、能問的，都差不多了！我信任的親友們都見過他，也都有好感了，5月1日我們就正式交往，去新竹參加好朋友的手作植物課程，讓大家認識他。

這些日子以來我們有爭執，也更多彼此觀察、體驗了彼此的優點。

他因爲我而開始下廚、開始接受就算他怎麼碎念我，我都不會改變；我也接受有人這麼有耐心的不斷碎念我。後來他覺得我本性可愛，全都可愛，不用改變。我也覺得保羅的碎念是表現在乎，很可愛。我們兩個是完全不同風格的家庭養育，有很多是可以調整和學習的，但都不會影響到我們的價值觀。

我們共同的價值觀就是要有很多時間可以陪伴家人，對我們來講這是很重要的事情。如果兩個人都覺得功成名就很重要，他們在一起就很適合啊；可是如果一個人很在意功成名就，一個人很在意家人陪伴，這兩個就比較容易有衝突。所以我鼓勵大家找適合過日子的人，而不是很讓你喜愛，但不適合長久過日子的人。

第一次見到他的父母跟孩子，我心裡滿滿的喜悅平安，也聽見神在我的心中說：「這是我爲你預備的家人。」那一刻，我也決定把他的父母當父母對待，雖然我沒啥經驗，但我只要眞實愛著就好了！果然神預備的最好！我們相處得很好！每次回去看望都讓我滿滿被愛！回家是被家人充電的感覺，眞美好！

他的父母對我來說是夢幻等級的開明，因爲全然能夠接受我的過去。

當他們知道我是歷經波折的女人，只告訴我：都過去了！當他們知道我跟保羅吵架在難過的時候，對我說請多包容他們兒子，在在都讓我感動。

其實保羅包容我更多，我是那麼的特異獨行，當我在用冥想班、催眠課做人與神的橋梁時，他完全做後勤支持，愛屋及烏。

能夠擁有這樣愛護我的家人，我非常感恩。

雖然我們認識只有一個月，但好像認識好久了！所以我們在２０２０年5月20日登記結婚，用這一天，在神的愛中，我們承諾一起走完今生。

我深刻體驗到神真是加倍補償的神！

他使我過去的眼淚全變成點綴我生命的珍珠。

三十年前我對爸爸、媽媽的愛說不出口，三十年後，我經常說愛，我經常對身邊的人說愛。

最後也用這本書再次謝謝你！

在我生命中出現的你！

NOTE

國家圖書館出版品預行編目資料

極道療癒師：你可以不要活成別人的形狀 / 宋如珊著 . -- 初版 . -- 臺中市：晨星 , 2021.03

面；公分 . --（勁草生活；463）

ISBN 978-986-5582-00-5（平裝）

1. 成功法　2. 生活指導

177.2　　109021970

勁草生活 463

極道療癒師

你可以不要活成別人的形狀

作者	宋如珊
企劃主編	陳瑞德
編輯	何錦雲
校對	何錦雲、陳瑞德、徐惠蓉
封面設計	王瓊瑤
內頁設計	張蘊方
創辦人	陳銘民
發行所	晨星出版有限公司 407 台中市西屯區工業 30 路 1 號 TEL：04-23595820　FAX：04-23550581 行政院新聞局局版台業字第 2500 號
法律顧問	陳思成　律師
初版	西元 2021 年 03 月 01 日初版 1 刷
總經銷	知己圖書股份有限公司 106 台北市大安區辛亥路一段 30 號 9 樓 TEL：02-23672044 / 23672047　FAX：02-23635741 407 台中市西屯區工業 30 路 1 號 1 樓 TEL：04-23595819　FAX：04-23595493 E-mail：service@morningstar.com.tw 網路書店 http://www.morningstar.com.tw
讀者服務專線	02-23672044 / 02-23672047
郵政劃撥	15060393（知己圖書股份有限公司）
印刷	上好印刷股份有限公司

歡迎掃描 QR CODE
填線上回函

定價 360 元

ISBN 978-986-5582-00-5

Published by Morning Star Publishing Co, Ltd.

晨星出版
Morning Star

晨星出版
Morning Star